はじめに

ライフプランで
人生の「目的」をクリアにして、
いまを充実させて生きる！！

人生にはライフプランが大事

　突然ですが、あなたは「お金」についてどのように考えていますか？「なんとなく貯金しているけれど、将来が不安……」「ライフプランって大事だと聞くけど、何からはじめればいいの？」

　そんな悩みを持つ方に向けて、2012年に私はこの本を書きました。おかげさまでベストセラーとなり、
　この度、改訂版を発行することとなりました。

　私自身がはじめてライフプランを作成したのは32歳のときです。金融機関で働きはじめたことがきっかけでした。将来の目標を書き出したことで、頭がスッキリし、
　目指すべき方向が明確になったことをよく覚えています。

　たとえば、「3年後に家族で海外旅行をする」「10年後に東京でビジネスをはじめる」など、当時の私にとっては少し大きな夢ばかりでしたが、そのほとんどが実現しました。書き出すことで、目標を意識しつづけられたからです。

　しかし、ライフプランは夢を叶えるためだけのものではありません。ライフプランを持つことで、自然とマネープランも生まれます。「5年後にはこういう状況になるかもしれない。だから、いま準備しておこう」といった予測ができるようになり、家計が何度も助けられました。

ここ数年、私たちの生活は大きく変わりました。
コロナ禍や2024年1月1日の能登半島地震など、
予測できない出来事がつづいています。

かつては「なんとなく」でも生きていけたかもしれません。でも、いまは違います。将来を見据えながら「いま」を大切に生きることの重要性を、多くの人が感じているのではないでしょうか。私が定期的に開催しているマネーセミナーでも、参加者のみなさんから「国や会社に頼るだけでは不安」「自分の力で人生を築いていきたい」という声を多く聞くようになりました。

そこで、本書では「ライフプランを軸にしたマネープラン」の大切さをお伝えしています。今回の改訂では、最新の金融制度である「NISA」や「iDeCo」に加え、新しい資産形成の方法として注目されている「ポイ活」についても詳しく紹介しています。

この本を通して、あなた自身のライフプランを描き、より豊かな人生を実現するための一歩を踏み出していただければ幸いです。
それでは、さっそく本書の主人公・ルーシー先生と一緒に、あなたのライフプランづくりの旅をはじめましょう！

2025年4月

著者を代表して　監修者 花田 敬

もくじ

はじめに
ライフプランで人生の「目的」を
クリアにして、いまを充実させて生きる!! 2

この本に登場する人たち 10

Chapter 1

ライフプラン

ハッピーに生きる人はみな、「ライフプラン」を持っている

お金に対する「なんとなく不安」な気持ち。
それを解消する方法は、じつはとってもシンプル!

13

1 お金と「なんとなく」つきあっていませんか? ……… 16
2 80歳のとき、どんな自分でいたい? ……… 20
3 お金を貯めるのが楽しくなる、「色分け」貯蓄術とは? ……… 26
4 わが家の「埋蔵金」を探せ! ……… 35
5 ポイントを貯めて、増やして、「ポイ活」で夢を叶える ……… 43
6 いま行動するかどうかで、5年後の人生は大きく変わる ……… 50

【ルーシー先生のひとり言①】お金とのハッピーな関係
「私はどうしたい?」とつねに問う ……… 54

Chapter 2

結婚・出産

出費しがちな「おめでたいお金」には、よりクールに

幸せいっぱいのときだからこそ、
お財布のヒモは、ほどよく緩めて、適度に締める!

55

1 「結婚」にかかるお金って、いくら?・・・・・・・・・・・・・・・・・・・・・・・・58
2 「一生に一度だから」の甘い言葉に要注意!・・・・・・・・・・・・・・・・64
3 妊娠・出産には、どれくらいのお金が必要?・・・・・・・・・・・・・・68
4 結婚前は、「お金のルール」を決めるチャンス!・・・・・・・・・・・70
【ルーシー先生のひとり言②】出産手当金&育児休業給付金
パパ&ママにうれしい、充実の制度・・・・・・・・・・・・・・・・・・・・・・・・・・・・・・76

「時間」と「金利」を味方につけて、ゆとりのある老後を

誰もが気になる老後のお金。
確実に貯めるとっておきの方法、教えます！

77

1 平均寿命まで生きたら、
老後はいくら必要か？ ……………………………… 80

2 将来受け取ることのできる
「年金見込額」を知ろう ……………………………… 84

3 「時間」と「金利」の力で、
老後資金をガッチリ貯める！ ……………………… 90

4 2つの「分散」を使えば、
投資は決してリスキーではない …………………… 96

5 この金融商品なら、「対象」と「時間」を分散できる ……… 102

【ルーシー先生のひとり言③】単利と複利
「複利」のパワーで、お金に働いてもらう ……………… 114

※本書に掲載している情報は2025年3月現在のもので、変更になる場合があります。

Chapter 4

パパのお小遣いより、わが子の教育費?

わが子のハッピーな将来も先立つものがあってこそ。
子どものお金はどう貯める?

115

1　子どもの教育費って、いくらかかるの? ……………… 118
2　教育費づくりの究極のゴールは、じつは「大学」! ……… 124
3　教育費は「時間」を味方に、じっくり貯める ……………… 128

【ルーシー先生のひとり言④】お金の教育
小さいうちから「お金の大切さ」を学ばせよう ……………… 134

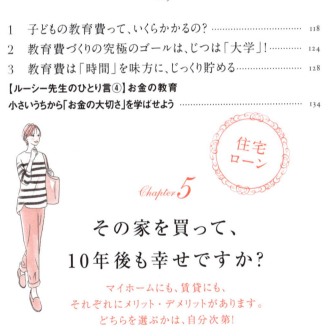

Chapter 5

その家を買って、10年後も幸せですか?

マイホームにも、賃貸にも、
それぞれにメリット・デメリットがあります。
どちらを選ぶかは、自分次第!

135

1　あなたは賃貸向き? それとも購入向き? ……………… 138

2　住宅ローンは、「借りられる額」ではなく「返せる額」……144
3　「住宅購入OK!」のタイミングとは?……148
【ルーシー先生のひとり言⑤】住宅ローンの繰り上げ返済
まとまったお金で、ローンを減額する……154

Chapter 6

やっぱり
「備えあれば、憂いなし」

「万一」はいつ起こるかわからない。
事前の「備え」が、あなたの「いざ」を助けてくれる!

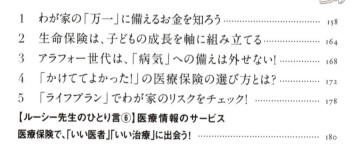

1　わが家の「万一」に備えるお金を知ろう……158
2　生命保険は、子どもの成長を軸に組み立てる……164
3　アラフォー世代は、「病気」への備えは外せない!……168
4　「かけててよかった!」の医療保険の選び方とは?……172
5　「ライフプラン」でわが家のリスクをチェック!……178
【ルーシー先生のひとり言⑥】医療情報のサービス
医療保険で、「いい医者」「いい治療」に出会う!……180

資産運用

Chapter 7

大切な資産を目減りさせない「運用」の極意

大切なお金を、銀行に眠らせていませんか？
これからの時代は、「預けっぱなし」がリスクになります！

1 「何もしない」には、目減りリスクあり！ …… 184
2 外貨を持つことが資産防衛になる！ …… 190
3 債券は、リターンはほどほど、リスクは低め …… 196
4 「投資信託」という形で「株」を持つ …… 200
5 「異なる動きの組み合わせ」が分散投資のコツ …… 204

【ルーシー先生のひとり言⑦】72の法則
あなたの預貯金が2倍になるのは720年後？ …… 209

7組の人たちのその後の物語 …… 210

おわりに
自分の人生に、
そして自分に「自信」を持つために、
ライフプランをつくる 216

特典1 ライフプランシートの書き方 …… 220
特典2 「私のお金」シートの書き方 …… 222

〈折込シート〉表：ライフプランシート（いま～30年間）
　　　　　　裏：「私のお金」シート

9

この本に登場する人たち

この本は、「マネーDr.」ルーシーと、ちょっぴり将来が不安な7組の人たちの物語です

人生のモヤモヤを解消する鍵は、「お金」にあり

東京・銀座のとあるビル。エレベーターで5階に上がると、
そこにルーシー先生のオフィスがあります。

「ルーシー・マネークリニック」

北欧スタイルのオフィスの一番奥に座る女性。
それがルーシー先生。

年齢は40代前半。
出産を機に金融機関を退職。
独立系のファイナンシャル・プランナーとして、
この銀座のオフィスをオープンさせました。
中学生の子どもを持つワーキングマザーでもあります。

「お金の相談に来たのに、人生相談もしてもらった感じです」

ルーシー先生の相談者の多くが口にする言葉です。
そんな先生に会いたくて、今日も相談者がオフィスにやってきます。

7組の人たちの相談ごとは……

この物語では、7組の人たちがルーシー先生のもとに訪れます。年齢はさまざまで、それぞれの世代ならではの「お金の悩み」を持っています。

Chapter1 の斎木なぎささんは25歳。
食品メーカーに勤める独身の会社員です。

お金について、具体的な悩みがあるわけではないのですが、「なんとなく不安」です。それを解消したいと思っています。

Chapter2 の大友浩一さん(28歳)と
松永美奈さん(26歳)はカップル。

そろそろ「結婚」を考えていますが、それにかかる費用を知りたいと思っています。

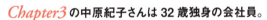

Chapter3 の中原紀子さんは32歳独身の会社員。

30代になり、最近真剣に、「老後のお金」について考えるようになりました。

Chapter4 の真木佐和子さん(36歳)は、
湊くん(3歳)の母親で専業主婦です。

数年後にはわが子も小学生。そろそろ子どもの「教育費」のことが気になりはじめています。

Chapter5 の朝倉のぞみさんは、現在40歳。
7歳の娘さんと5歳の息子さんがいます。
ご主人との最近の話題は、「家を買うかどうか」。
でも、「住宅ローン」が気になり、なかなか決断できません。

Chapter6 の藤原彩さん(28歳)は
最近、ママになりました。
このごろまわりから、「保険」に入るように勧められることが
多いのですが、どれを選べばいいのかわかりません。

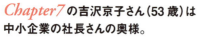

Chapter7 の吉沢京子さん(53歳)は
中小企業の社長さんの奥様。
老後に向けて「資産運用」を考えているのですが、
ちょっと自信がありません。

あなたにピッタリな解決策と出会える

この7つの相談ごとに、私たちも多かれ少なかれ遭遇します。
いまのあなたにとって関心のあるところからページを開いてみてください。
前に進めるヒントに出会えるはずです。
では、さっそくルーシー先生と彼女らの物語をはじめていきましょう。

Chapter 1

ハッピーに生きる人はみな、「ライフプラン」を持っている

お金に対する「なんとなく不安」な気持ち。
それを解消する方法は、じつはとってもシンプル!

ライフ
プラン

1組目の相談者 斎木なぎささんの場合……

ルーシー先生！
私も大変身させてください！！

会社の先輩に勧められ、ウキウキ気分で相談にやってきた斎木さん。そんな彼女へのルーシー先生のアドバイスは？

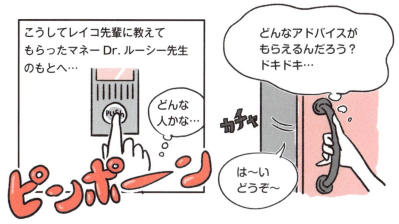

お金って
なんとなく
不安です

1

お金と「なんとなく」
つきあっていませんか?

人間にとって、漠然としているのは不安なもの。
あなたのお金への不安も、それが原因かも。

♦ あなたの「貯める目的」は?

はじめまして。
マネーDr.のルーシーです。

斎木なぎさです!
今日はよろしくお願いします。

こちらこそ、よろしくお願いします。
では、さっそくはじめましょうか。
なぎささんは、お金について
いまどんなことで悩んでいるのかしら?

悩みですか? う〜ん、具体的にはないんですけど、
なんとなく不安なんですよね……。
このままでいいのかなって。

モヤモヤっとした不安があるわけね。
なぎささんは、いま現在、
「〜のためにお金を貯める」っていう
具体的な目的みたいなものはあるの?

「目的」が漠然としているからじゃない?

目的ですか?
とくにないかな。
そのとき、ほしいものを買って
でも、貯金がゼロになるのはこわいから
使いすぎないようにして、
それで、なんとなく
お金が残ってるって感じかな……。

なぎささんのお金に対する不安って、
たぶんそこに原因があるんじゃないのかしら。

えっ?
それはどういうことですか?

つまり、**お金に対してとても漠然としているの。**
「ないと不安だから、なんとなく貯めている」。
そんなスタンスなんじゃないかしら?

その通りです!
じゃあ、私のお金に対する不安って
それが原因なんですか?

❤ 「目的」がないお金が、あなたを不安にする

人間にとって、漠然としているのは不安よね。
たとえば、わかりやすい例でいえば病気。
セキがいつまでもつづくと、なんとなく不安でしょう。

17

やりたいことが
ゴチャゴチャ
しちゃって

わかります。
「もしかしたら、悪い病気かも……」
とか悩んでしまったり。
そんなときは、すごく不安で。

◆ずっとセキがつづいて……

ところが、病院に行って、
「ただの風邪ですよ」
と診断してもらったら途端に安心できる。

そうそう！ 診断してもらえると
打つべき手がクリアになって
スッキリしました。

◆病名がわかるとスッキリ!!

「目的」が見つかればスッキリするわ

お金に対する漠然とした不安を解消する方法も、
じつは同じよ。
「なんのためのお金か」という目的を明確にしていく。
「この3万円は老後のため」
「この1万円は来年の海外旅行のため」と、
それぞれ「目的」をつけていく。
そうすると、とてもスッキリしてくるはずよ。

たしかにそうかも。
でも「目的」と言われても、
とくにないしなぁ〜、私。

「数年後を目途に、○○に挑戦したい」とか、
「10年後はこうなっていたい」といったものはない?

やってみたいことは
いろいろあるんですが、
ゴチャゴチャしちゃって整理がつかなくて。

「これ!」という明確な「目的」がもてない状態なわけね。
じゃあ、それをクリアにするところ
からはじめましょう。
「目的」を明確にできる、
とっておきの方法があるの。

本当ですか!
ぜひ教えてください!!

いつも笑顔の
おばあちゃんに
なりたい！

2

80歳のとき、
どんな自分でいたい？

「目的」探しの究極の方法は、人生のラストで
「どうありたいか」を考えること。

💎 「私の一生」をイメージする旅に出よう

「目的」を明確にする、とっておきの方法とは、
あなた自身の「ライフプラン」をつくること！

ライフプラン？
訳せば、「人生計画」ってことですよね。

「人生の設計図」と言ってもいいわね。
老後まで見据えて、
自分がどんな人生を送りたいのかを
シミュレーションしてみるの。
ここで、もうひとつなぎささんに質問。
「80歳のとき、あなたはどんな自分でいたいですか？」

80歳ですか？
ニコニコ笑っているおばあちゃんになっていたいです。
時々、年配の方で、眉間にしわを寄せてイライラした感じ
で歩いている女性っていますよね。
そうはなりたくないな〜。
いつもニコニコしていたい。

「笑顔」は経済的な土台があってこそ

となると、老後のお金を
しっかり貯める必要があるわね。
だって、土台がしっかりしていないと、
目の前のことに追われ、
ニコニコはできないでしょう。

笑顔のおばあちゃんになるには、
いまからしっかり準備する必要があるんですね。

私がこういう質問をしたのはね、
人生の後半まで見据えると、
結局、自分はどういう人生を送りたいのかが
イメージしやすくなるからなの。
そこから、自分が取り組むべきことが
具体的に見えてくる。
これが「ライフプランを考える」ということ。
いまは「80歳」をイメージしてもらったけど、
ライフプランをつくるときには、
「30代の自分」「40代の自分」「50代の自分」と、
それぞれの年代についても想像してみるの。

面白そう！
ぜひやってみたいです。

じゃあ、さっそく
なぎささんのライフプランを
つくってみましょうか。

ずっと先だと
イメージするのが
難しい！

💎 年齢ごとの「ライフイベント」をイメージしてみよう

まず、下のような表を用意して、年齢ごとに、「結婚」や「出産」など、起こり得るイベントを記入していきます。

年　齢	25歳	26歳	27歳	28歳	29歳	30歳	31歳	32歳	……
イベント				結婚			出産		

まず近々でありそうなのは、結婚かな……。
3年後の28歳くらいが目標。
子どもは31歳くらいで産んで、
30代半ばでもうひとりほしいな。
その後は先のことすぎて想像がつかないな〜。

そんなときに参考になるのが、あらかじめ
各年代で起こり得るライフイベントを知っておくこと。

私の場合だったら、この先、
どんなライフイベントがありそうですか？

そうね。たとえば、
30代後半で住宅を購入する可能性もあるし
50代になったら、子どもも独立するわね。
ただし、そのころになると、
親の介護もはじまるかもしれないわ。
なぎささんがイメージしやすいように
簡単な表をつくってみたわ。見て！

◆ ライフイベントいろいろ

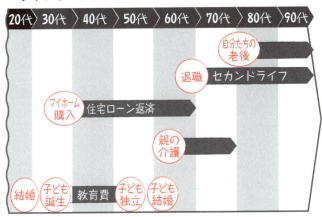

💎 ライフプランはたったひとつではない

でもルーシー先生。人生ってこんな具合に
自分のイメージ通りにいくのかしら？
たとえば、私は28歳までには結婚したいけど、
なにせ相手のあることでしょう。
そううまくいくかどうか……。

するどい指摘ね。
たしかにその通り。
人生って思い通りにいかないことが多いからね。
なので、ライフプランはたったひとつではなく、
いくつか準備しておくといいわよ。
お寿司でいったら、「松・竹・梅」みたいにね。

ライフプランを
考えるのって
楽しい！

「これぞ、理想の人生」という「松」コース、
「せめてこれくらいは」という「竹」コース、
「悪くても、こうする」という「梅」コース。
……なんて具合かしら？

あるいは、いろいろなシチュエーションを想定する。
「結婚するとしたら、こう」
「シングルのままだったら、こう」とかね。
人によってライフイベントは違うから、
「いつ」「何をするか」をイメージしてから、
ライフプランを考えるといいわよ。

自分の可能性をいろいろシミュレーションできるんだ。
なんだか前向きになれますね。

ライフプランは、1回決めたら「はいOK」にしないで、
定期的に見直していくといいわ。
だって、世の中ってどんどん変わっていくでしょう。
自分自身だって変化していくし。
その年代に合ったものに軌道修正していくの。

◆ 人生の「万一」も忘れてはいけない

それから、もうひとつ。
考えたくないけど、自分の描いたライフプランを
ひっくり返してしまうような
「万一」ということも起こり得ます。

可能性が広がる
感じでしょう

◆ 人生の「万一」いろいろ

病気　死亡　介護
失業　災害　収入減

あまり考えたくないけど、
万一って、あり得ますよね……。

こうした「万一」は、
自分だけじゃなく、
親やパートナーに起こっても、
自分のライフプランに影響します。
たとえば、やっと自由な時間を手に入れたと思った途端、
親の介護がはじまる……とかね。

私が50代に突入したころ、
親は70代とか80代ですもんね。
自分の親だけじゃなくて、
夫の親の介護ってこともあり得るし……。

人生って何が起こるかわからないからね、本当に。
だから、ライフプランをつくるときには、
それぞれの年代でどんな「万一」が起こり得るかも、
同時にチェックする必要があるのよ。

私も「貯め」体質になるぞー!

3

お金を貯めるのが楽しくなる、「色分け」貯蓄術とは?

貯める目的でお金を色分けしよう。
「楽しむ」「増やす」「守る」の3つに分けるのがコツ。

❤ ライフプランを実現するには「お金」が不可欠!

ところで、ライフプランを実現していくには、
「お金」が必要よね。
そこで、最初の
「何のためにお金を貯めるのか?」という話に戻るわけ。
たとえば、なぎささんの場合、
近々、お金のかかりそうなことって何がありそう?

近々だったら、海外旅行かな。
あと、引っ越しもしたいし。

いろいろ出てきたわね。いい感じよ。
じゃあ、もっと先のことで、
お金が必要になりそうなことは?

結婚費用かな〜。
あと、ニコニコした80歳になるための老後のお金とか。

そうね。あと、「万一」に備えるお金も必要じゃない?
人生は何が起こるかわからないからね。

ということは、先々を見据えると、
「老後」と「万一」は必須項目っぽいな。

お金を貯める目的がだいぶ見えてきたわね。
いい調子よ。
ところで、なぎささん。世の中には
お金をきっちり貯められる人っているでしょう。
そういう人たちは、ある共通の習慣を持っているの。
それはね、**お金を「色分け」して貯めるという習慣。**

◆ 貯める人が実践するお金の「色分け」とは？

お金の「色分け」とは、
自分のお金を、「これは〜用」「これは〜用」と、
目的ごとに分けていくことです。
ライフプランが具体的になってくると、
そうした「目的」も見えてくるでしょう。

たしかに、私もさっきまでは
「お金を貯める目的」とか聞かれても
ピンとこなかったけど、
いまは「〜のため」といろいろ出てきます。
そうした目的ごとに
お金を貯めていけばいいんですね。

そうです。
それが、お金を「色分け」するということよ。

貯める目的が出てきました！

ただし、やたらと目的を立てないほうがいいわよ。
混乱してしまって、
分けるのがだんだん面倒になってしまいかねないから。
色分けするときには、こんな具合に、
まずは大きく3つに分けるのがお勧めよ。

◆ 3つのお金の「色分け」

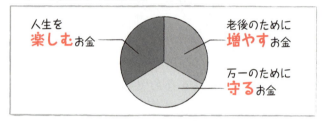

人生を **楽しむ**お金
老後のために **増やす**お金
万一のために **守る**お金

なになに。
「楽しむお金」「増やすお金」「守るお金」。
なるほど。これならスッキリして
すぐに取り組めそう。

「増やす」や「守る」は、
「老後」や「万一」のためのお金なので、
どんな人でも共通して準備しておく必要があるわよね。
NISAやiDeCo（個人型確定拠出年金）という言葉を聞いたことはある？　そういった金融商品を活用した資産形成に取り組む人も多くなってきているわよ。

それなら聞いたことあります！
まわりでNISAをはじめたという人もいますね。

大きく3つの
目的に
分けてみて

一方、「楽しむ」は、人それぞれだし、
同じ人でも、年代や環境によって変わっていきます。
たとえば、なぎささんの場合、
いまは「結婚資金」でしょう。
でも、30代になったら
「家を買う」とがんばっているかもしれないわよ。

あるいは、「子どもの教育費！」とか言って
燃えまくっているかも。

こういったお金を増やすのに、
最近は、「ポイ活」で賢く支出を抑えながら、
楽しみを充実させる人も増えているわよ。

「ポイ活」って買い物でもらえる
ポイントのことですよね？
私も貯めています。
お得に買い物できていいですよね。

「ポイ活」の魅力は、それだけじゃないのよ。
貯まったポイントを
いつものお店で使うのはもちろん、
生活をより豊かにするために使うという方法もあるのよ。
詳しくは、後半（P43）で説明するわね。

生活を豊かにする方法？
なんだか「ポイ活」に、がぜん興味が湧いてきました！

必要なお金と現状の見直しから！

💎 自分の人生に必要なお金を調べる

お金の色分けができたら、
あとはそれぞれどれくらい貯めるか、ですね。
目安とかありますか？

毎月、どれくらいずつ貯められるかは、
人それぞれです。
収入と支出のバランスや、
人生での優先順位を考えながら、
金額を決めていくことになります。
その際のポイントは次の2つ。

ポイント①　自分にとって「必要な金額」を知る
ポイント②　自分の「お金の現状」を把握する

「必要な金額」って
自分でわかるものなんですか？
「結婚資金」とか「老後」とか……。

大丈夫よ。
それぞれについての平均額を出したデータは
いくつも存在します。
インターネットなどでも、
たとえば「老後資金」といった言葉で検索すれば、
いろいろな情報が得られますよ！

給与明細って意外な発見がある!

「結婚披露宴にはどれくらいかかるの?」や
「家を買うとしたらいくら」なども?

ええ。
簡単に調べられます。

♦「私のお金」シートで現状を把握

ポイント①の「必要な金額」を調べたら、
次はポイント②の
自分の「お金の現状」を把握しましょう。

どうすればいいんですか?
私、家計簿とかつけていなくて……。

事前に**「私のお金」シートの記入**をお願いしたでしょう。
それで自分の「お金の現状」が把握できます。
記入してきてくれた?

はい。収入は給与明細でわかったのですが、
支出のほうは、
いま言ったように、
私、家計簿とかつけていないので、
通帳とかを見ながら、かなりアバウトです。

どれどれ……。まず収入からね。
なぎささんって、給与明細とか、マメに見るほう?

31

社会の仕組みが垣間見られるでしょう

◆「私のお金」シート

	給与(毎月)		賞与(年間)	
	本　人	配偶者	本　人	配偶者
収入（額面）	23.1万円	万円	60万円	万円
社会保険料・税金など	△4.1万円	万円	△11.4万円	万円
社内貯蓄・財形貯蓄	△0.5万円	万円		万円
手取額	18.5万円	万円	48.6万円	万円

★手取年収：270万円（額面年収：337万円）

※表中の「△」はマイナスの意味

あんまり。なので、見直してみてはじめて、
社会保険料や税金などが4万円も
天引きされていたことに気づきましたよ。
それとお恥ずかしながら、
新入社員のころに上司から言われて
財形貯蓄に加入していたことを思い出しました。

そういう人、結構多いのよ。
でも、意外な場所にお金が貯まっていて、
うれしかったんじゃない？
それから、次に支出。

かなりアバウトですが、
こんな感じです。

収支のチェックで気持ちスッキリ!

	毎月の支出	臨時支出(賞与時)
基本生活費 (水道光熱費、通信費、日用品費など)	2 万円	万円
食　　費	3.5 万円	万円
住居費(家賃・ローン)	6.5 万円	万円
貯　　蓄	あまったら 万円	万円
保　　険	万円	万円
習い事など	万円	万円
余暇費・交際費 (買い物・旅行・飲み会・趣味など)	5 万円	20 万円
車関係費(ローン含む)	万円	万円
そ の 他	万円	万円
合　　計	17 万円	20 万円

へぇ〜。なぎささんは、なかなか優秀ね。
支出が収入を上まわっていないでしょう。
つまり、黒字の家計なわけ。
これが逆だと
「赤字」となってしまいます。

でも、実際は
もっと使っているかも……。

じゃあ、あとでじっくり探っていきましょう。
その前に、「資産」を見てみましょうか。
どれどれ……。

モヤモヤ
していると
不安になります

		金額	備考
現　金	タンス預金など	万円	
預貯金	○×　　　銀行	50 万円	普通預金
	銀行	万円	
	銀行	万円	
運用商品	債券(国債・社債など)	万円	
	株　式	万円	
	投資信託	万円	
	外貨預金	万円	
保　険	保険	万円	
財形貯蓄		15 万円	
その他		万円	
金融資産合計		65 万円	

いまのところは、
預金と財形くらいですね……。

なぎささんくらいの年齢でしたら、
みなさん、そんな感じよ。
なかには、「運用が大好き」って方も
いらっしゃるけどね。それも人それぞれ。
さて、これでざっと、
なぎささんの、現在のお金の状況が
把握できましたね。さあ、ここからが本番よ！

覚えのない
支出って
くやしいー!

4

わが家の「埋蔵金」を探せ!

どの家にも眠っているはずの「埋蔵金」。
その正体は使った覚えのない「使途不明金」。

◆ 使った覚えのない支出、ありませんか?

なぎささんは、月17万円でやりくりしているのよね。
実際、通帳を見ても、おろしているのは
月17万円くらいだった?

それなんです。
じつは、そのことが気になっていて。
自分では、月々17万円くらいで
やりくりしているつもりだったんです。
でも、通帳で月々におろしている金額を合計したら
19万円くらい使っているみたいで。
いったい、何に使っているんだろうって。

いいところに目をつけたわね。
そうした、自分でも知らず知らずに使ってしまっている
お金のことをなんて言うか知っている?
「使途不明金」っていうのよ!

使途不明金?
そんなものがあるんですか?

35

「目的」をもてば使途不明金は減るわ

たとえば、
誘われるがままに食事に行ってしまうとか、
疲れるとすぐにマッサージに行ってしまうとか。
こういうお金は、
「これ」という目的をもって使っているわけではないから、
記憶に残りづらいの。
だから、「何に使ったんだろう」となってしまう。

２万円強×12カ月だから、
年間約24万円の使途不明金！
額に汗して働いて得たお金が、
むなしすぎる〜。

実際は、それ以上かもしれないわよ。
なぎささんは月々17万円の生活費でやっているのよね。
なので、本来ならば、17万円×12カ月で、
年間の支出は、204万円くらいのはず。
一方、年収は手取りで270万円でしょう。
計算上では、270万円−204万円で、
年間では66万円は貯まっている。
なぎささんは入社して２年半だから、
就職してからのトータルだったら
150万円くらいの貯金があってもいいはずよ。

えっ、でも私の貯金は50万円くらいですよ。
ということは、
100万円くらい使途不明金があるってことですか！

そういうこと。
もちろん、月々の支出のほかに、
ボーナスの一部で海外旅行に行ったり、
ショッピングをしたりとかもあるでしょう。
どう？　そうしたものに100万円も使っている？

海外旅行といっても行くのは近場で、
費用は10〜15万円くらいですよ。
洋服とかもそんな高いものを買っているわけではないし。
いったい何に使ってしまったんだろう。
私って、本当にダメ人間……（涙）。

◆知らない間に消えているお金……

落ち込まないで！
じつはね、これはチャンスなの。

💎「使途不明金」は「埋蔵金」に変えられる！

使途不明金が見つかったってことは、
あなたの家計の「埋蔵金」が発見できたってことなのよ。

 最初から「なかった」と思う

「埋蔵金」?
隠されたお金が
私の家計にあるってことですか?

使途不明金って目的もなく使ったお金のことでしょう。
つまり、本来は使わなくていいお金。
それをそっくりそのまま、「使う」から
「貯める」にまわしてしまえば、どう?
これまでむなしく消えてしまっていたお金が、
確実になぎささんの手元に残るようになるでしょう。

意外なところに、「お宝」が眠っていたわけですね。
でも、これまで無意識に使っていたお金を
「貯める」にまわすことなんてできるかな〜?

とっておきの方法を教えてあげるわね。
それは、
「強制的に先取りする」という仕組みを持つことよ。
たとえば、お給料が入ったら、その何割かが
強制的に貯蓄用の口座に行くようにする、とか。

◆最初にスッと強制貯蓄

38　Chapter 1　ハッピーに生きる人はみな、「ライフプラン」を持っている

これからは
ガンガン
貯めるぞー!

会社の財形貯蓄とかも、
そういう仕組みですよね。

そのほか、保険や老後資金のための積立なども
こうした仕組みよね。
あと、投資の世界でも
そうした積立型の商品があります。
月々1万円ずつを株や投資信託に投資する、などね。

いろいろあるんですね。
そうしたものを活用して、
強制的に先取りしていけばいいんですね。
それなら、最初から「ないもの」と思って、
そのなかでやりくりできますもんね。
現に私は、財形貯蓄をしていたことを
忘れていたくらいですから……。

人間は、あれば使ってしまいます。
使途不明金をなくそうと思ったら、
最初から「ないもの」と思える仕組みを
整えておくことです。
それがお金が貯まるもっとも確実な方法よ。

◆「いま」を犠牲にして貯めるのは本末転倒

月々、どれくらい貯めるといいかの
目安はありますか?

いまを
楽しむことも
大切よ

それはさっき挙げた
自分にとって「必要な金額」と、
自分の「お金の現状」との
バランスで決まります。
手取りが月15万円の人に、
「今月から老後用に5万円ずつ積み立てましょう」
と言っても、それは難しいでしょう。
節約すれば可能かもしれないけど、
そのために、いまの生活を楽しめないのは
もったいないわよね。
私は「いまの幸せ」が大前提だと思うの。
その上で、さまざまな目的のためのお金を
計画的に準備していく。
それがお金との上手なつきあい方ではないかしら。

老後のお金のために、いまの生活を
必要以上に我慢するのは本末転倒ですよね。

そうならないためにも、現状を見て、
そのなかで、どれだけ「目的」のために
お金をまわせるかを検討するの。
もちろん、その際にはある程度の我慢も必要だけどね。

つまり、「いまの幸せ」をキープしつつ、
「使途不明金」を減らして、
「貯める」にまわすってことですよね。
私の場合、何が減らせるかな〜。

やり方としては、**優先順位をつけていくの。**
優先順位が1番、2番のものはいままで通りつづける。
その分、優先順位の低いものについては「我慢」という
選択をする。そうやって削れるものを削っていくわけ。

💎 20代のマネープランは、「貯める」より「自己投資」

ただし、「これだけは削らないで」というものがあります。
それは、「自己投資」のお金。
これは20代の人にはとりわけ強調したいわ。だって、
「職業人」としてのベースをつくっていく時期でしょう。
積極的に**自己投資をして「稼げる自分」を築いていく。**
それはお金を貯める以上に価値があることよ。

自己投資というと、
「資格」を取ったり、「語学力」を磨いたりですか？

必要性を感じたら、
そうしたことにもお金を使ったほうがいいと思うわ。
資格を取るなら、キャリアアップのためだけでなく、
将来、リタイア後にも役立つものがお勧めよ。
ライフプランに役立つ知識を得たいなら、
FP（ファイナンシャル・プランナー）3級もいいわね。
あと、いろいろな人と会う機会を持つ。
「人間」を知るいい機会になるし、
何よりも、多様な人間関係をつくっていけるからね。

「自己投資」は絶対に削ってはダメ

人脈は財産だって、
私の上司もよく言っています。

それと、株などの投資も20代からやっておくといいわよ。
私自身、株の投資に一番燃えていたのは、20代前半。
それほどうまくいったというわけではなかったけど、
とても勉強になったわ。
経済とか投資に関する本をたくさん読んだし。
それがいまの仕事にもずいぶんと役立っているからね。

株をはじめると、経済の動きなどが
よくわかるようになるって聞いたことがあります。
私も経済の勉強だと思って、ちょっとはじめてみようかな。

若いうちの失敗は、挽回もしやすいしね。
そんな感じに、「自己投資」や、「自分にとって優先順位の
高いもの」のためにお金を確保した上で、
「月々どれくらい貯めるか」という金額を決めていくわけ。

◆20代は「貯める」よりも、「自己投資」!

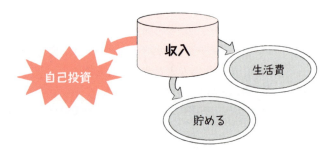

42　Chapter 1　ハッピーに生きる人はみな、「ライフプラン」を持っている

ポイントって普段何気なく貯めているけど

5

ポイントを貯めて、増やして、「ポイ活」で夢を叶える

「ポイ活」は、ポイントを貯めるだけではありません。
人生を豊かにする「ポイ活」実践法を知りましょう。

💎 まずは、ポイ活の目的を決めよう

なぎささんも「ポイ活」をしていると言っていたわね。
どんな風に活用しているか教えてくれる？

よく行くドラッグストアやコンビニ、
ネットショッピングなど、
いろいろなポイントを貯めて、買い物のときに使っています。

いいわね。でも、じつはそれだけじゃ少しもったいないの。
「ポイ活」はもっと賢く活用する方法があるのよ。

えっ、どういうことですか？
ポイントで買い物をするだけでも
十分お得だと思っていましたけど。

もちろん、ポイントをそのまま使うのも悪くはないわ。
でも、ただ「貯めるだけ」や「何となく使うだけ」では、
ポイントの本当の価値を活かしきれていないの。
ポイントは、家計や資産に大きな影響を与える
可能性がある、大切な「資産」なのよ。

公共料金で
ポイ活は
やらなきゃ損!

資産……ですか? それは考えたこともなかったです!
どうしたら上手に活用できるんですか?

まずは**ポイントを貯めたら
「何をしたいか」をはっきりさせる**こと。
これが、賢いポイ活の第一歩よ。

ポイントを使って何をしたいか……。
具体的にはどんなことですか?

たとえば、
「旅行をする」「高級レストランで食事を楽しむ」
「美容に使う」とか。
以前、相談を受けた女性は、
貯めたポイントをマイルに交換して、
夫婦ふたり分の新婚旅行の費用を全額まかなったそうよ。

えっ! ポイントで新婚旅行なんて、すごすぎます。
でも、そんなことできるのは
一部の人だけじゃないですか?

いいえ、そんなことないわ。
コツコツと貯めて効率的に使う工夫さえすれば、
誰にでもできるの。せっかくポイントを貯めるなら
自分が楽しめるごほうびに使ったほうが、
日々の節約やポイ活のモチベーションも上がって
楽しくポイ活に取り組めるはずよ。

なぜポイントを
貯めるのかが
重要よ

💎 ポイントの上手な貯め方、使い方

ポイントを効率的に貯めるためにお勧めしたいのが
「ポイントサイト」の活用よ。
ネットショッピングやクレジットカード発行、
旅行予約など、さまざまなサービスを
「ポイントサイト」経由で利用するだけで、
通常より多くのポイントが貯まるのよ。

そんな裏技が？
私にもできますか？

誰でも簡単にできるから大丈夫よ。
さらに、ポイントには意外な貯め方もあるわ。
たとえば、毎月の公共料金の支払い、どうしてる？

口座引き落としにしています。
手間もないし、支払い忘れも防げるので。

それは残念！　その支払い方法だと、
ポイントが貯まらなくて、じつはすごくもったいないの。
光熱費や通信費、国民年金保険料などの
公共料金は、ポイント還元がある
クレジットカード払いにするのがお得よ。
クレジットカード払いに切り替えるだけで、
毎月、ポイントが貯まるの。

ポイントを
ひとつに集めるのも
面白そう！

知りませんでした。
それはさっそく切り替えなきゃ！

ただし、注意してほしいこともあるわ。
カードによっては、公共料金のポイント還元率が
低い場合もあるから、よく調べて選ぶのが大切よ。

💎 ポイントは「交換」と「集約」で、さらにお得！

ところで貯まったポイント、
ただ使うだけではもったいないこともあるのよ。
じつは、ポイントを他のポイントやマイルに交換すると、
よりお得に使えたり、自分の目的に合った使い方を
できる可能性が広がるわよ。

ポイントを交換するんですか？ マイルにすると、
飛行機やホテルに使えるって聞いたことがあります。
ポイントで旅行ができちゃうってことですよね？

そうよ。先にお話しした、
ポイントで新婚旅行をした女性なんて、
まさにそういった賢い利用者の好例ね。
マイルにすると、飛行機やホテル代などを節約できるだけ
でなく、いろいろな体験に活用できるわ。

でも、複数のポイントがあちこちにバラバラに
貯まっていて、どうしたらいいかわからないです。

ポイantはマイルに交換がお勧めよ

それなら、ポイントをひとつに集約してみて。
たとえば、よく使う航空会社のマイルに統一して
貯めると効率的よ。提携しているポイントを調べて、
そこのポイントに集約していけば、無駄なく貯められるわ。

なるほど〜。
そんなこともできるんですね。

どこに集約するかは、
自分の生活スタイルに合わせて決めるといいわよ。
ちなみに、私はマイルへの集約をお勧めするわ。
シニア世代への調査でも、「人生の中でやり残したこと」
として、「旅行」が上位に挙がっているの。
元気なうちに行きたい場所を旅するのは素敵よね。
幸い、ほとんどのポイントはマイルに交換できるから、
貯めたい航空会社を決めて、
そこのマイルに交換できるポイントを貯めるといいわね。

マイルにすれば旅行の選択肢も広がりますね。
提携している航空会社を調べてみます！

行きたい場所をイメージしながらポイントを
貯めていけば、楽しくつづけられるわよ。
それから、ポイント管理には、
スマホで使えるポイント管理アプリも便利よ。
家計簿アプリと連携することで家計管理がしやすくなるから、使いやすいものを見つけるといいわね。

ポイント運用やってみようかな

💎 貯めたポイントで、疑似投資体験

ここまでは、ポイントの上手な貯め方を
お伝えしてきたけれど、
じつは、貯めたポイントを使って
「投資の疑似体験」にチャレンジできるのよ。

ポイントで投資？
それってどういうことですか？

ポイントを使った投資には、大きく分けて
「運用」と「投資」の2種類があるの。

え、なんだか難しそうですね……。
「運用」と「投資」って、どう違うのでしょうか？

大丈夫、簡単だから心配しないでね！
まず「運用」だけど、これは
貯めたポイントそのものが市場の動きに合わせて
増えたり減ったりする仕組みで、
いわば投資の疑似体験みたいなものよ。
証券口座を開設しなくても気軽にはじめられるから、
初心者にお勧めね。

なるほど、それならハードルが低そうです。
じゃあ、「投資」は？

48　Chapter 1　ハッピーに生きる人はみな、「ライフプラン」を持っている

「投資」は、ポイントを一度現金化してから、
実際の投資商品を購入して運用する方法よ。
投資商品を売却すると
現金として戻ってくる仕組みね。
ただし、この場合は、証券口座を開設する必要があるの。

そういうことなんですね！
ポイントでまず運用を試してみて、
慣れてきたら本格的に投資に進むっていう
流れがいいのでしょうか？

まさにその通り！
ポイントを使った運用や投資を通して、
資産運用の練習にもなるし、
ちょっとしたお小遣い感覚で楽しめるのが魅力よ。

面白そうですね！
さっそく調べてみます。

6

いま行動するかどうかで、5年後の人生は大きく変わる

「ノウハウ」は得ただけでは、何も変わらない。
実践してこそ変わっていく。

◆ 知っていても、行動しなければ成果なし

ルーシー先生とお話ししていると、
頭の中がスッキリして、やることが見えてきますね。

よかったわ。でも、ここで安心してはダメよ。
いまのなぎささんは、
自分がやるべきことの「知識」を得た段階。
でも、知っているだけでは、何も変わらないわ。
「行動」してはじめて、現状は変わっていくの。

ここでたとえ話をひとつ。
同じ会社で、同じ仕事をしている、
同じ年齢のAさんとBさんがいたとします。
Aさんは、たまたま30代前半でマネーセミナーに参加し、
それをきっかけに、老後の資産づくりをスタートさせます。
Bさんには、たまたまそういう機会がなく、
老後に向けての対策をとくに打つことは
ありませんでした。
では、定年が間近に迫ったとき、
このふたりはどうなっているでしょう。

それには
いますぐ「行動」
すること

Aさんは地道に準備をしてきたおかげで、
気持ちよくセカンドライフを迎えられる。
Bさんは定年が近づくにつれて、不安が増すばかり。
……そんな感じですか？

◆ 行動できたか否かで……

ご名答！
じゃあ、もうひとつ質問。
両者のこの違いを生んだ最大の原因は何だと思う？

「行動した」か「行動しなかった」か？
Bさんには、たまたま機会がなくて
「行動」ができなかったわけですもんね。

その通り。
小さな一歩を踏み出したか否か
というちょっとしたことで
これだけの大きな差を生んでしまうの。

家計簿ってどうも苦手で……

これはお金に限らず、
どんなことにも言えますよね。
「行動」って本当に重要なんですね。

だから、なぎささんも、今日ここで学んだことを、
さっそく実行に移してほしいの。
自分のお金の現状は、すでに把握したから、
次は、ライフプランをつくること。
それを次回までの宿題にしましょう。

❤ 使ったお金を記録する習慣を持とう

それからもうひとつ、
今日からはじめてほしい習慣があります。
使ったお金をすべて記録してほしいの。

家計簿をつけるんですか？
さっそく書店に行って購入しなくちゃ。

手書きが苦手な人は、スマホで使える
無料の家計簿アプリを活用すれば、入力も簡単よ。
さらに、もっと簡単な方法でもOK。
たとえば、スケジュール帳などに、
使ったお金を記入するだけでもかまわないわ。

それって、食べたものをメモしていく
「レコーディングダイエット」と似ていますね。

手帳などに
使ったお金を
メモしてみて

まさにそれ。
「マネー版・レコーディングダイエット」を
実践してほしいの。
使ったお金を記録していくと、
自分がどれくらい無駄遣いを
しているのかが見えてきます。
するとね、買い物をしていても、
「これは無駄遣い」と気づけるようになり、
使途不明金が減っていくはずよ。

メモするだけで、
無駄遣いを解消できるんですね！
これならすぐにはじめられますね。
よし‼ さっそくやるぞー‼

その意気よ！
どう？ お金のモヤモヤも
ずいぶんとスッキリしたんじゃないかしら？

それはもう！
いろいろなことがクリアになった感じで、
やる気が出てきました。
今日は本当にありがとうございます！
ルーシー先生から、
たくさんの元気をいただけました‼

ルーラン先生のひとり言①

お金とのハッピーな関係

「私はどうしたい？」とつねに問う

お金を増やす方法は千差万別である

「ライフプラン」を書いてみることで、自分の目的もクリアになり、必要なお金も見えてくることでしょう。

次のステップは、そうした「お金」を準備するための「マネープラン」づくりです。

お金を増やす方法は、いろいろあります。

仕事でもっと収入を増やしていく方法もあれば、ポイ活や金融商品を活用してお金を増やす方法もあるでしょう。

その金融商品にしても、本当に種類はさまざまです。

「ライフプラン」づくりで自分と向き合う

ここでみなさんにしっかりとお伝えしたいことがあります。

それは、どの方法にも、「一長一短」があるということ。

100％完璧な方法などは存在しないし、万人にとって「いい」という方法も存在しないのです。

たとえば、「老後の資金づくりには抜群の金融商品」と世間で評価されていても、それが自分に向いているとは限りません。

老後に向けてものすごく貯めたい人もいれば、ほどほどでいい人もいます。大きなリスクをとっても大丈夫な人もいれば、リスクをとることが向かない人もいます。

人は本当に、十人十色なのです。

なので、「お金を増やそう」と思ったら、世の中の言葉に流されすぎないこと。

自分の人生の主人公は「自分」です。「自分に向いているもの」という観点から選んでいってください。

そうした「自分」を知るためにも、ライフプランでしっかり自分と向き合っていきましょう。

54　Chapter 1　ハッピーに生きる人はみな、「ライフプラン」を持っている

Chapter 2

出費しがちな「おめでたいお金」には、よりクールに

幸せいっぱいのときだからこそ、
お財布のヒモは、ほどよく緩めて、適度に締める！

結婚・出産

2組目の相談者 大友浩一さん&松永美奈さんの場合……

「結婚・出産」にかかるお金を教えてください！

結婚準備中の大友さんと松永さんのカップル。
相談のテーマは、「結婚資金」から、さらに結婚後まで広がっていき……。

1

「結婚」にかかるお金って、いくら?

人生の門出である「結婚」。
そこにかける「お金」に、「絶対」はない。

結婚にかかる費用は450万円超！

では、まず質問から。
婚約から挙式、新婚旅行までに
かかったお金の全国平均って、
いくらくらいだと思いますか？

いくらだろう？
ちょっと見当がつきません。

2024年のデータだと、454.3万円※です。

※リクルート「ゼクシィ結婚トレンド調査 2024」。
以降、注釈のないものは、すべてこのデータによる。

ええー！
そんなにかかるんですか！
私の年収以上ですよー!!

冒頭から驚かせてしまったわね。
では、具体的な費用をお見せしましょう。
次ページの表がそれです。

個人差は
かなりあります

◆「結婚」にかかわるいろいろな費用は?

婚約・結納	結納会場費・食事代	43.9万円
	両家の顔合わせ・会場費	8.3万円
	婚約指輪	39万円
結婚式	挙式&披露宴・披露パーティー	343.9万円
	結婚指輪(2人分)	29.7万円
新婚旅行	新婚旅行	61.6万円
	新婚旅行の土産	8.1万円

「結婚」って、「式」だけじゃなくて、
「結納」とか「新婚旅行」とかもあるんですよね。
そこまで考えていませんでした。

でも、結納に関して言えば、
最近はしないカップルも増えていて、
実施するのは1割にも満たないそうですよ。
なにせ、結納にはお金がかかるからね。
ここに挙げた結納会場費以外にも、
結納金や結納品も必要でしょう。

たしかに、私の友だちでも、
結納はせずに両家の顔合わせだけって人は
結構います。
私たちもするかどうかわからないな。
でも、結納をしなくても400万円超でしょう。
結構かかるものなんですね……。

式は豪華に
したいけど
お金が……

まあ、これはあくまでも平均ですからね。
結婚の費用って、とても個人差があるんです。
とくに、挙式＆披露宴の金額は、
カップルによってものすごく差が出ますね。
たとえば、式を挙げずに写真撮影のみというカップルや
入籍だけというカップルも増えています。
一方で、1000万円超の
超豪華な式を挙げるカップルもいるし。

1000万円超!?
すごいですね。

どれくらいの規模の結婚式にするかは、
カップルの価値観によりますからね。
あと、それぞれの親御さんの価値観とか。
なので、「これだけは準備しなさい」という金額は、
じつはないんです。
自分たち、あるいは親次第って感じかしら。

💎 結婚資金は自己負担が少ない？

それに、結婚資金って、
すべてを自分で用意しなければいけないケースって、
じつは結構少ないんですよ。

そうなんですか？
でも、どうして？

ご両親に相談してみたら

親御さんなどからの援助があったり、
披露宴をすれば、ゲストの方から
ご祝儀をいただけたりするでしょう。

なるほど！ ということは、
それで全額まかなえちゃうこともあり？

美奈〜。
そんなに世の中、甘いわけないだろう。

あら、でも「全額」は無理にしても、
それなりにまかなえてしまう可能性も大きいんですよ。
たとえば、次のようなデータがあります。

◆ まわりからの援助はどれくらい？

親・親族から援助のあった人	援助があった人の援助総額	ご祝儀の総額
74.2%	平均 **168.6万円**	平均 **205.6万円**

168.6万円＋205.6万円だから、
374.2万円よ！
浩一君、これで結婚式の資金は
ばっちりじゃない？

61

結婚のお金は じつは、 かからない?

まあ、そうだけど……。
実際、それだけの援助ってあるものなんですか?

個人差がありますよね。親御さんの考え方もあるし……。
たとえば、「結婚は家同士のことだから」と
積極的に援助してくれる親御さんもいらっしゃるし、
「もう大人なんだから、自分ですべてやれ!」って
親御さんもいらっしゃる。

うちの親はどうなんだろう。
浩一君とこは、援助してもらえそう?

兄貴のときはしてみたいだから、
ある程度、あるんじゃないかな。
どれくらいかは、わからないけど。

そのあたりは、ぜひ親御さんと相談するといいですよ。
結婚は「家」同士のことでしょう。
両家ですり合わせていくことも大事だと思います。

そうですね。
ということは、実際に僕らで用意すればいいのは、
こんな感じですか?

| 自分たちで用意するお金 | = | 結婚に必要なお金 | − | 親などからの援助＆ご祝儀 |

最終的にはそうなりますが、
結婚の場合、
前もって払わなければいけないケースも多いですからね。
結婚式にしても、新婚旅行にしても。
その一方で、ご祝儀などは後からいただけるものでしょう。

となると……、
事前に親などからの援助が受けられる場合は、
自分たちで用意するお金は、
こんな感じですか？

$$\boxed{自分たちで用意するお金} = \boxed{結婚に必要なお金} - \boxed{親などからの援助}$$

そうですね。
それくらいに考えたほうがいいでしょう。
みなさんからいただくご祝儀はその後の新生活に
ありがたく使わせていただくって感じかしらね。

わかりました。

披露宴で
したいこと、
いっぱい！

2

「一生に一度だから」の甘い言葉に要注意！

グンとテンションが高くなる時期だからこそ、
結婚の「お金」は冷静さが欠かせない。

◆ ついつい金銭感覚がマヒしがちな「結婚のお金」

先ほども言いましたけど、結婚に関するお金には、
「絶対」というものがありません。
なので、自分次第でどうにでもなる
ってところがあります。
ただし、ひとつだけ注意してほしいことがあります。
それは……、結婚式のために、
手元のお金をスッカラカンにしてしまわないこと。
新生活のために、
ある程度のお金は確保しておくことが大切です。

スッカラカンにしちゃう人なんて
いるんですか？

それがいるんですよ。
おふたりだってわかりませんよ。
いまは冷静だけど、
いざ式場とかをまわりはじめると、
そうもいかなくなることって、
多々ありますから。

気がついたらスッカラカンは厳禁ですよ

わかるかも〜。
いまだって結婚情報誌とか見ると、
「これ、やりた〜い！」とか思っちゃいますもん。

そうそう。そんな具合に、
どんどんテンションが上がっていって、
冷静な計算ができなくなってしまうこともあります。
しまいには、「一生に一度だから！」と言って、
大盤振る舞いをしてしまったり。

せっかくだから、
思い出に残る式にしたいですもんね。

でも、ひとつひとつの価格を
冷静に見ることを忘れないで。
お料理にしろ、引き出物にしろ、
いい値段がしますからね。
あれもこれもとやっていると、
とんでもない金額になってしまいかねないから。

◆ やりたいことはいっぱい!!

確保すべき
お金はどれくらい？

そのときに、
金銭感覚をマヒさせては
ダメってことですね。

それがわかっていても、
テンションが高まるのがこの時期。
普段以上の冷静さで、
物事を判断していく必要があります。

お財布との相談が
欠かせないんですね。

そうすれば、
ある程度の余裕をもって、
新生活をスタートさせることができるでしょう。

♦ 月収の３カ月分は確保しておく

ちなみに、最低でもこれくらいは
残しておいたほうがいいという
目安はありますか？

よく言われるのが、「月収の３カ月分」です。
これは結婚のときに限りません。
どんな場合でも、
万一に備えてこれくらいは
準備しておいたほうがいいと思います。

月収の
3カ月分は
かならず確保して

どうして
月収の3カ月分なんですか？

お勤めの方が自己都合で辞めた場合、
失業保険が支払われるのが、
辞めてからだいたい3カ月後くらい。
最低でもその分を準備しておくと安心でしょう。
それに、結婚してすぐに
お子さんが誕生するってことも
ありますから。

たしかに先輩とかを見ていても、
そういうケースは多いですよ。
そうなったときでも、
ある程度のお金をキープしていれば、
気持ちに余裕がもてますもんね。

子育てで本格的にお金が必要になってくるのは、
もっと先ですが、
妊娠したら、
出産するための費用がかかりますからね。
じゃあ、次に、
その点についても見ていきましょうか。

ぜひ知りたいです！
よろしくお願いします。

公的な補助は
あるの?

3

妊娠・出産には、どれくらいのお金が必要?

妊娠・出産については、
公的な補助が充実している。

💎 出産費用は「出産育児一時金」でカバーできる

さて、妊娠・出産に関する費用ですね。
まず、出産時の入院や分娩にかかる費用の全国平均は、
2022年で約48万円です(厚生労働省・調査データ)。

そんなにかかるんですか! ビックリ!

これはあくまでも全国平均なので、地域差があったり、
出産法や病院のタイプなどでも、変わってきます。
厚生労働省は、「出産なび」というウェブサイトで、
施設ごとの出産費用のほか、立ち会い出産や無痛分娩、産
後ケアなどのサービスを紹介しています。地域やサービス
で絞り込み検索もできるので活用するといいですね。

結婚式と同様、出産にかかるお金にも
個人差があるわけですね。

その場合、健康保険の対象になるんですか?
このうちの3割を払えばいいとか……。

「手続き」してこその補助ですよ

残念ながら、適用外なの。
これは、妊娠期間中の「妊婦健診」でも同じです。
ただし、出産については、
「出産育児一時金」と呼ばれるものが出ます。
これは50万円（2025年4月現在）。

出産にかかる費用の全国平均と同じくらいですね。
丸々、自己負担ではない。ちょっと安心！

❤ 妊娠・出産への公的補助はかなり手厚い

妊婦健診などにもこうした補助があります。
健診１回あたりの費用は
5000円〜１万円くらいですが、
それを自治体がいくらか助成してくれるんです。
ただし、助成額がどれくらいかは
自治体によって異なるので、確認が必要ですけどね。

妊娠・出産に対する公的な補助は
かなり手厚いんですね。
自己負担する額はさほどないって感じだ。

でも、生まれたらそうも言っていられませんよ。
いろいろ物入りになってきます。
なので、さっき言った「余裕資金」を
しっかりもっておくことが大切ですよ。

「結婚しても「お財布は別々」が理想だわ〜」

4 結婚前は、「お金のルール」を決めるチャンス!

あらかじめ「お金のルール」を決めておくと、
後々もめなくてすむ。

♥ 結婚前だからこそ、お互いに歩み寄りやすい

「結婚」というタイミングで、おふたりに
ぜひやっていただきたいことがあります。

何ですか、それは?

ふたりで「お金」について話し合っていただきたいの。
結婚前って、一番相手に対して歩み寄れる時期ですから、
話し合うチャンスなんです。

具体的に、どういうことを
話し合うといいんですか?

それは、「新生活でのお金の流れ」についてです。
たとえば、「月々の生活費はどれくらい?」や
「お小遣いはいくら?」「月々の貯蓄は?」
「保険をどうする?」など、
「お金まわり」について、
ある程度、ルール化しておくんです。

70　Chapter 2　出費しがちな「おめでたいお金」には、よりクールに

じつはそれが
一番後々
もめるんです

共働きの場合、
生活費などをいくらずつ負担するのかって
ありますもんね。

それって、じつはものすごく大きなテーマなんです。
おふたりは、それについてどう考えています？

私のイメージとしては、
一定の金額を出し合って、それを家計のお金にして、
あとはそれぞれ自由に使っていいって感じかな。

じつは、**お財布を別々にすると、後々もめやすいんです。**
たとえば、子どもの教育費など、
後から発生する費用をどう負担し合うかでもめたりね。
さらに、結婚後、ある程度時間がたってしまうと、
お互いが自分の意見を主張してしまいがちで、
歩み寄りが難しくなっていく。

うちのお姉ちゃんとこも、たまにケンカしているけど、
理由はそれかな〜。

もっと要注意なのが、子育てなどを理由に、
どちらかが仕事を減らしたり、辞めたりした場合です。
この場合、家計に入ってくる収入が減り、
生活を切り詰めざるを得なくなります。
その途端、家庭内がギスギスしはじめるってケース、
少なくないんですよ。

生活の質ってそう簡単には落とせないですもんね。
生活がきつくなると、性格まで……。
なんだか悲しいわ〜。ルーシー先生、
この事態を避ける、何かいい方法はないんですか?

💎 共働きでも、ひとり分の給料で生活する

私が、共働きを選択するご夫婦にお伝えしているのは、
**「どちらか片方の収入で生活するのを基本にして、
もう片方の収入は貯金する」**という方法です。

ひとり分の給料で、ふたりで生活するんですか?
それって、かなりきつそうですよね。

楽ではないかもしれません。
なので、多少、貯金にまわすほうのお給料から
補填する必要はあります。
でも、それはあくまでも「ちょこっと」。
できるだけ、一方のお給料でやりくりするんです。

◆共働きの場合、家計はどうする?

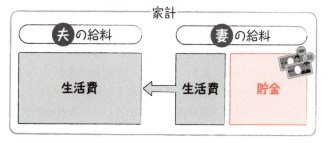

奥さんが専業主婦だったら、
夫の給料でやっていくのは当たり前ですからね。

ひとりもふたりも、
生活費はあまり変わらないっていうし。
やっていこうと思えば、やっていけるのかな……。

やってみると、大丈夫なものですよ。
それに、つらいっておっしゃるけど、
片方のお給料は確実に貯まっていくわけでしょう。
たとえば、奥さんの年収が手取りで400万円だとして、
それを貯金にまわせば、3年もたてば、1200万円ですよ！

私の場合、年収は300万円強だけど、
それでも4年貯めれば1200万円だわ。
これを頭金にすれば、家を買えちゃいますね。

住宅購入の際の「頭金」として、
価格の2割を用意しましょうと
言われていますから、
貯まった1200万円から800万円を頭金にまわせば、
4000万円くらいの住宅が購入できますよね。
一方、月々3万とか5万の貯金で
1000万円を貯めようと思ったらどう？

20年とか30年かけて、
ようやく1000万円ですよね。

僕は
短期勝負派
なんです

早いうちにそれだけ貯まれば、
子どもの教育費などにも余裕をもって臨めますよね。
私立でも公立でも、子どもの希望を叶えてあげられる。

いろいろなことに、
余裕がもてるってわけですね。
がんばって、そのやり方でいくか！

うちの場合は、浩一君のお給料を生活費にまわして、
私のお給料を貯蓄にまわすって感じかな。

💎 マネープランの基本は、短期と長期のバランス

今日はありがとうございました。
非常に勉強になりました。

ホント！
ルーシー先生に相談できてよかったです。
新生活に向けてワクワクしてきました。

結婚や新生活に向けてのお金の疑問は、
だいたい解消できたかしら？

はい。それと、
人生って、長期的に考えるのが大切なんだなって、
あらためて気づかされました。
僕自身、目先のことだけしか考えてなかったなって。

74　Chapter 2　出費しがちな「おめでたいお金」には、よりクールに

そこに奥さんの「長い目」が入れば百人力！

男女のスタンスの違いとして、よくたとえられるのが、
男性は「短距離ランナー」、女性は「長距離ランナー」。
つまり、男性は短期の勝負に強く、
女性は長期の勝負で力を発揮する傾向がある
と言われているの。

僕も長いスパンで物事を考えるのって、
どうも苦手で……。

だからこそ、結婚して、
男女が一緒に生活をすることで
バランスがとれるのよね。
男性の「いまを楽しむ」という精神と、
女性の「長い目で人生を考える」という視点が合わさって、
いい具合になる。
理想としては、ね。

私たちも、
そういうバランスのとれた夫婦を目指します！

なれますよ、きっと。
結婚して、ご夫婦でいろいろやっていくうちに、
またお金の疑問が出てくると思います。
そのときは、またご相談にいらしてください。

はい。
ぜひ、お願いします！

出産手当金&育児休業給付金

パパ&ママにうれしい、充実の制度

産休中もお給料の一部が支給される

いまは出産後も共働きをつづける夫婦が増えています。
そんな方々に知っておいていただきたい制度があります。
ひとつが、「出産手当金」です。
これは、職場で加入する健康保険から支給されるもの。
出産で休んでいる一定の期間（産前の42日間、産後の56日間）、日給（ボーナスや月々の報酬を反映した1日あたりの金額）の3分の2の金額が支払われます。

1歳までは、お給料をもらいながら子育てに専念

そして、もうひとつが「育児休業給付金」です。
これは、雇用保険から支払われるもので、休業前の賃金の半分が毎月支給されます。原則、お子さんが満1歳になるまで受け取れて、ママだけでなくパパも受給できます。また、産後8週間以内に4週間（28日）を限度として、2回に分けてパパが休みを取得できる「産後パパ育休」もあります。
さらに、両親ともに育休を取得する場合、条件を満たせば、子どもが1歳2カ月になるまで育休を取得できる「パパ・ママ育休プラス」という制度も。もし、保育園が定員オーバーで入れないなどの事情で復職できない場合は、育児休業給付金の支給期間は2歳まで延長もできます。
ただし、支給を受けるには、いくつかの条件があります。
まず大前提が、雇用保険に加入していること。
また、育児休業に入る前の2年間で、11日以上働いた月が12カ月以上あることも支給の条件です。
お給料をもらいながら子育てに専念できる──。パパにもママにもうれしい制度ですよね。ぜひ活用してみてください。

Chapter 3

「時間」と「金利」を味方につけて、ゆとりのある老後を

誰もが気になる老後のお金。
確実に貯めるとっておきの方法、教えます!

老後の
お金づくり

3組目の相談者 **中原紀子**さんの場合……

「老後のお金」のモヤモヤを なんとかしたい！

中原さんは、ルーシー先生のマネーセミナーの受講をきっかけに、自分の「老後のお金」をもっと知るべく相談に来ました。

定年後は思いっきり趣味を楽しみたいな〜

1

平均寿命まで生きたら、老後はいくら必要か？

シングル女性が平均寿命まで生きたら、なんと7000万円強のお金が必要になる！

♥ 充実した老後に必要な生活費は？

老後に最低必要な生活費は
月々どれくらいだったか覚えていますか？
旅行やレジャー、趣味を楽しむといったこともなく、
淡々と日々生きていくために必要なお金。

夫婦ふたりで
月23〜24万円くらいだったような……。

その通り。正確には、平均23.2万円※。
※生命保険文化センター「2022年度 生活保障に関する調査」の「老後を夫婦2人で暮らしていく上で必要と考える費用」より

もうひとつ、ゆとりのある老後に必要な生活費も
ありましたよね。
あれは、いくらでしたっけ？

夫婦ふたりで、平均37.9万円です。
「ゆとり」として何が上乗せされているのかというと、
次ページのグラフを見て。

それにはやはり先立つものが必要よ！

◆ 老後のゆとりのための上乗せ額の使途は？

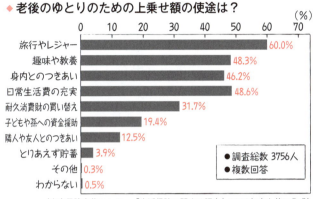

（生命保険文化センター「生活保障に関する調査」2022年度を基に作成）

老後に旅行などの趣味を楽しもうと思ったら、
3万7円以上かかるんですね。
でも、これは夫婦での数字だから、
シングルの場合、
その半分でいいってことですか？

残念ながら、そうじゃないんです。
生活費のなかには、ひとりでもふたりでも
あまり変わらないものがあるでしょう。
たとえば、住居費や水道光熱費など。
だから、シングルの場合、
この数字に７掛けしたものが、目安の数字になります。

ということは、
37.9万円×0.7で、26.53万円か……。

女性の平均寿命って90歳近いんだ！

ただし、ここに挙げた数字はあくまでも平均。
個人差は、もちろんあります。

❤ 老後にグンと増える支出が「医療費」

そもそも老後の生活には
どういう支出があるんですか？

そのあたり、気になりますよね。
老後の支出を表したのが下の図です。

◆ 老後の支出にはどのようなものがあるのか？
（65歳以上の単身無職世帯の場合）

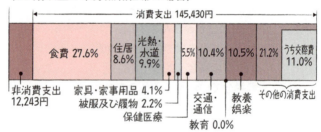

（総務省「2023年 家計調査年報」を基に作成）

食費に住居費に……と、
いまとたいして変わりませんね。
税金や社会保険料などは払いつづけるし……。

さらに医療費は、いまより増えますよね。
年とともに、
体のあちこちに悪いところも出てきますから。

「美人薄命」は
いまや死語って
感じね

医療費か……。
たしかに増えますよね。

◆ シングルの老後資金は7000万円強？

次に、こうした金額をベースに、老後に必要なお金を
計算してみましょう。これが計算式です。

$$\boxed{\text{老後に必要なお金}} = \boxed{\text{老後の月々の生活費}} \times 12\text{カ月} \times \boxed{\text{平均寿命} - \text{退職時の年齢}}$$

日本人の平均寿命は、
女性が87.14歳で、男性が81.09歳なので、
その数字をいれます。　※2023年度、厚生労働省データ

このまま「シングル」と考えて、7掛けにして、
あと、定年を65歳にすると……
(37.9万円×0.7)×12カ月×(87.14歳−65歳)＝7048万円
なんと、7048万円!?

ビックリしました？
老後に必要な資金ってすごい金額でしょう。
人生100年時代と言うから、
もっとかかるかも
しれないわね。

> 年金制度って
> よくわからないん
> です！

2

将来受け取ることのできる「年金見込額」を知ろう

年金の見込額は、意外と楽に計算できます。
「ねんきんネット」など公的サイトも活用を。

💎 日本の公的年金は「2階建て」

私が余裕のある老後生活を送るには、
7048万円も必要なんですね……。
でも、年金がありますよね！
それでなんとか!!

そこで、紀子さんの最初の質問になるわけです。
「私は、いったいいくら年金をもらえるのか？」

それって、どうやったらわかるんですか？
毎年、「ねんきん定期便」が
送られてきますが、
いまいちよくわからなくて……。
というか、そもそも年金制度自体、
私はあまりよく理解していないっていうか。
そこからまず教えてもらえますか？

わかりました。
まずそこをチェックしましょう。
年金制度の仕組みを表にしたのが次ページの図よ。

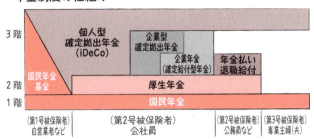

◆年金制度の仕組み

いろいろな年金があるんですね。
なんだか複雑。

見方がわかれば、わりあいシンプルよ。
公的年金制度は、「2階建て」と言われていますが、
その「1階」部分が「国民年金」です。
これは原則、20歳から60歳未満の日本人すべてが加入。
会社員も、公務員も、自営業者も、専業主婦も、
みんな入っています。もちろん紀子さんもね。
「2階」部分は「厚生年金」で、「国民年金」にプラスされる年金です。会社員や公務員の方が加入しています。

「2階」部分の「厚生年金」に加入している人は
「国民年金」にも加入していることになるんですね？

そうですね。「厚生年金」に加入している分
将来受け取れる年金の給付額が厚くなります。

「ねんきん定期便」放ったらかしで……

ところで、「2階建て」といいつつ、
「3階」まであるようですが……。
これは何なのでしょう?

いいところに気づきました。「3階」部分は、
「私的年金」と呼ばれるものです。
企業の福利厚生の一環で加入する企業年金や
個人が任意で加入する国民年金基金、
iDeCo(個人型確定拠出年金)などがあります。
こういった「私的年金」を活用できれば
より豊かな老後を送ることができます。

私の場合は「国民年金」と「厚生年金」ですが
3階部分もあったら、
それだけ多くの年金がもらえるんですね。
うらやまし〜。

2024年10月の法改正で、
パートやアルバイトで働く人も、
厚生年金に加入しやすくなりました。
「従業員数51人以上の企業」で、「週20時間以上の勤務」
「所定内賃金が月額8万8000円以上」
「雇用期間2カ月以上見込み」「学生ではない」
という条件がクリアされれば、対象となります。

厚生年金に加入すれば、受給できる年金額も
アップするんですよね? それはうれしいですね!

情報満載で
面白いわよ！

年金制度の概要はこんな感じです。
そろそろ紀子さんが受け取れる年金の金額を
見ていきましょうか。

はい！
お願いします。

❤ 年金見込額を知るのは、じつはカンタン！

まず「老齢基礎年金」から。
これは「国民年金」として払った部分に対する支給です。
年間受給額は以下のように計算されます。

国民年金の満額 ×（国民年金加入月数÷480カ月）

480カ月というのは、20歳から60歳までの40年間を月に
直したもの。未納の月があれば、「国民年金加入月数」の
ところがその数を引いた月数となります。

国民年金の満額は、
年額83万1696円でしたよね（2025年度の場合）。
それを12カ月で割ると……。
えっ？ 約6万9308円！
満額支給されても、月々これだけですか？
でも、厚生年金がある！

厚生年金については、
次のページに記した方法で計算されます。

87

$$\text{平均標準報酬額} \times \frac{5.481}{1000} \times \text{厚生年金加入月数}$$

たとえば、
紀子さんの場合ならば下のような計算になります。

【これまでの加入実績に応じた年金額】

2016年4月から現在までの
平均の標準報酬額（おおむね月給＋賞与の1/12）

$$250,000 \times \frac{5.481}{1000} \times 108月 = ①147,987円$$

**【今後、退職時まで勤務される期間及び
その間に受けた給与・賞与に基づく年金額】**

今後、退職時までの間の平均所得見込額
（おおむね月給＋賞与の1/12）に、自身で置き換えて計算

$$300,000円 \times \frac{5.481}{1000} \times 408月 = ②670,874円$$

※上記は、4月生まれ、2016年4月から厚生年金保険の被保険者、
43年間を全体に計算。
※このシミュレーションは、大まかな数字を把握するためのもので
あり、実際の年金額とは異なります。

【厚生年金の見込額】
①＋②＝818,900円 ※百円未満四捨五入

私が受け取れるのは、年額81万8900円ですか？
じゃあ、これを12カ月で割ると……、6万8241円か。

その金額と、さっき計算した
「老齢基礎年金」の6万9308円を足した13万7549円が、
紀子さんが月々受け取れる見込みの年金額になります。

自分が受け取る年金の見込額って、
結構、簡単にわかるもんなんですね。

自分で計算するのが面倒な人は、
日本年金機構運営の「ねんきんネット」や、
厚生労働省の「公的年金シミュレーター」でも
受け取れる年金の見込額を簡単にチェックできます。
ただし、ここで確認できる見込額は
将来、確実にもらえるわけではありません。

え？　それってどういうことですか？
この金額は確定ではないんですか？

そうなんです。年金制度はどんどん変わっています。
今後、支給開始の年齢がさらに引き上げられたり、
支給額がいまの見込みより減額されたりすることは
十分に起こり得ます。

私の見込額は余裕の老後にはほど遠い金額だけど、
さらに減る可能性があるってことですね……。

元気いっぱいの
楽しい老後を
迎えたい！

3

「時間」と「金利」の力で、老後資金をガッチリ貯める!

残念ながら、年金はアテになりません。
だから、「時間」と「金利」を味方につけましょう。

◆ いまから定年までに貯めるべき金額は？

公的年金だけではやっていくのは難しいのよね。
「退職金」もアテにならないし……。

公的年金も、減額される可能性もありますしね……。
どうすればいいんだろう。

それはもう、
自分でつくっていくしかない！

やっぱり〜〜〜！
でも、どうやってですか？
可能なんですか？

それをこれから見ていきましょう！
最初に、紀子さんが老後のために準備しなければいけない
お金を計算してみましょう。
まず、ひとり分のゆとりある老後に必要な金額
26.53万円から、
紀子さんの年金見込額の月額を引いてみてください。

26万5300円−13万7549円だから、
12万7751円です。

その金額を年額に直し、
その数字に、
平均寿命から退職時の年齢を引いたものを
かけます。
式にすると……
(12万7751円×12カ月)×(87.14歳−65歳)
となりますね。
計算してみてください。

えっと……、
だいたい3400万円くらいです。

それが、紀子さんが老後までに準備する金額です。
ただ、今後、年金の減額や先延ばしの可能性もあるから、
さらに上乗せして、
5000万円くらいは見ておいたほうが
いいかもしれませんね。

5000万円ですか？
それを老後までに準備しておけと！
どう考えたって無理です!!!

いいえ、無理じゃないわよ。
いまからその秘策をお話しします。

5000万円を
30年間で
どう貯めるか

💎 「秘策」のツールは、「時間」と「金利」なり！

ルーシー先生、5000万円もの老後資金をつくれる秘策って、いったいどんな方法なんですか？

ひとつ目が、「時間」を味方につける、です。
「時間」はお金を増やしていく上で、強力な味方です。
下の図は、60歳前に1000万円を貯めるのに、
30歳、40歳、50歳でスタートした場合の
毎月、積み立てる額を比較したものです。

◆「時間」を味方につける

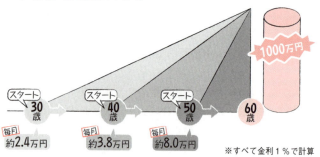

※すべて金利1％で計算

同じゴールを目指す場合、
いつはじめるかで、積立金額が大きく異なるんですね。
時間って大切なんだな〜。

だからこそ、
老後の資金づくりは、
1日でも早くはじめたほうがいいんです。

「時間」と「金利」の力を借りちゃいましょう！

なるほど。
そうやって、「時間」を
味方につけるんですね。

そして、老後資金をつくっていく上での味方には、
もうひとつあります。
「金利」です。

銀行などに預けていれば、
金利分の利息がつきますもんね。
でも、いまの低金利では、
それほど味方になってくれていないように
思うんですが……。

たしかに、「金利を味方に」といっても、
その金利があまりに低いと、
そのメリットはあまり実感できませんよね。

ですよね。それなりに高い金利だと
ものすごい味方になってくれる
と思うんですが……。

じゃあ、ここで金利のパワーを
紀子さんに実感してもらえる例を
ご紹介しましょう。
AさんとBさんのふたりがいます。
ふたりは30歳から65歳まで、

毎月5万円ずつ積み立てていきました。
ただし、ふたりが利用した金融商品は異なります。
Aさんは金利0.1％のもの、
Bさんは3.5％のもので運用しました。
さて、35年後、ふたりが貯めたお金には
どれくらいの差がついたでしょうか。
それを示したのが、下のグラフです。

◆ 30歳から65歳まで月5万円ずつ積み立てた場合……

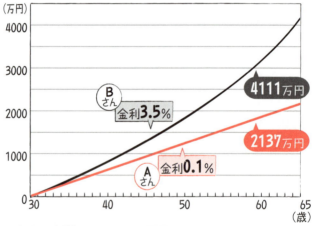

Aさんは金利0.1％で2137万円、
Bさんは金利3.5％で4111万円!!
倍近くの差になってる！

さらに、金利で増えた分を比較すると、
その差はもっとよ。
Aさんの利息分は37万円、Bさんは2011万円。

「投資」という発想が必要よね

倍なんてものじゃないでしょう。
これが金利の持つパワーです。
だから、金利が低いことに
甘んじていてはいけないの。
そして、現状では、
銀行の預金では金利を味方につけることは難しい。
そこで「投資」を考える必要が出てくるの。

❤ 投資はすべてが「ハイリスク」なわけではない

「投資」って、
「株」とか「FX」とかですよね。
それって、
かなりリスキーじゃないですか？
私にはとてもとても……。

いいえ。これからお話しする「投資」は、
「ミドルリスク・ミドルリターン」。
つまり、収益性も大事にしながら、
ある程度、安全性も確保していく、
という方法です。

そんな方法、
あるんですか？

あります。
キーワードは2つの「分散」です。

> 投資ビギナーの私でも大丈夫ですか？

4 2つの「分散」を使えば、投資は決してリスキーではない

「対象」と「時間」を分散すれば、
リスクをコントロールしていける。

◆ 対象の分散 ──投資対象をひとつに絞らない

ひとつ目の「分散」は、「対象の分散」です。
これは、運用する商品を、ひとつに絞らず、
いくつか組み合わせていくことです。
たとえば、株だけでなく、債券にも投資する、
株もひとつではなく、いろいろな銘柄に分けるなどね。

どれかひとつだけに
集中させないってことですね。

金融の世界でよく言われる言葉に、
「ひとつのカゴにすべての卵を盛るな」
というのがあります。

それ、聞いたことあります！
ひとつのカゴにすべての卵を盛れば、
それがひっくり返ったらすべての卵が割れてしまうけど、
いくつかのカゴに分ければ、
どれかひとつがひっくり返っても、ほかのカゴの卵は無事。
そういう意味でしたよね。

◆ カゴをいくつかに分けておけば……

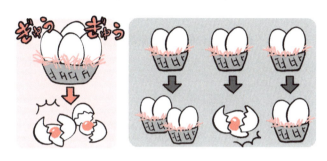

お金を投資するのもこれと同じです。
ひとつに絞ってしまえば、
それがうまくいかないと、そこでストップ。
でも、ひとつに絞らずいくつかに分散しておけば、
どれかひとつがダメになっても、残りは大丈夫だし、
なかには倍になっているものもあります。

💎 時間の分散 ── 一括でなく、時期を分けて投資する

では、もうひとつの「分散」は
何ですか？

これは、「時間の分散」といって
まとまったお金で一括で金融商品を買うのではなく、
毎月2万円ずつなど、
「買うタイミング」を分けて、
定期的に買っていく方法です。

 そうした買い方を表したのが
この下のグラフです。

◆「時間」を分散して金融商品を買う

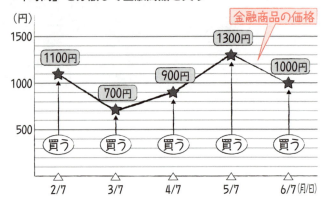

このグラフでもわかるように、
金融商品の価格はつねにアップダウンしています。
買った価格より高いときに売れればラッキーだし、
安い価格でしか売れなければアンラッキーとなってしまう。

 できれば安く買って高く売りたいですけど、
株価とかって、いつ安くなるかわからないですもんね。

 一括で買うと、タイミングをはずすリスクがあります。
一方、定期的に買っていけば、
全体で購入価格をならしていくことができます。
なので、一括で買うよりリスクを抑えられるんです。

一喜一憂せず
淡々と……
かしら

💎「数」ではなく、「金額」をそろえるのが効果的！

時間を分散する場合、
「金額をそろえて」投資していくのがポイントです。
「毎月いくらずつ」ってね。

「毎月1株ずつ」では
ないんですか？

じゃあ、具体的に見ていきましょう。
たとえば、次のような動きをしている株を、
Aさんは毎月1株ずつ、
Bさんは毎月10000円ずつ出して、
4回買ったとします。

◆ 株価の動き

月／日	10／15	11／15	12／15	1／15
株価	8000円	10000円	5000円	10000円

◆ 購入方法

		10／15	11／15	12／15	1／15
Aさん	購入株数	1株	1株	1株	1株
Aさん	購入金額	8000円	10000円	5000円	10000円
Bさん	購入株数	1.25株	1株	2株	1株
Bさん	購入金額	10000円	10000円	10000円	10000円

「月1で投資」も面白い習慣かも

4回の購入が終わったときの、
それぞれの投資金額と購入株数の合計は
こうなりますね。

	投資金額	購入株数
Aさん	33000 円	4株
Bさん	40000 円	5.25株

今日の株価が投資開始と同じ金額の8000円だとして、
AさんとBさんは、この株を売ることにしました。
では、それぞれいくらの現金を手にできましたか？

Aさんは4株×8000円だから、3万2000円。
Bさんは5.25株×8000円だから、4万2000円。
あれ？　毎月1株ずつ買ったAさんは
投資金額より1000円マイナスになって、
毎月10000円ずつ出して買ったBさんは
2000円プラスになっている。

	投資金額	売却価格	売却利益
Aさん	33000 円	32000 円	△1000 円
Bさん	40000 円	42000 円	2000 円

※表中の「△」はマイナスの意味

つまり、Bさんは確実に儲け、
一方のAさんは損しているんですね。
どうして〜？

カレンダーに「投資デー」の印をつけて

不思議でしょう。
ふたりは、同じ株を同じ値段で買って、
同じ値段で売ったのにね。
これが、「金額をそろえて」投資するメリットなの。
こうした投資方法を「ドルコスト平均法」といいます。
この方法がどうしておトクかというと、
まず、「株価が下がったときに、たくさん購入できる」。
同じ10000円の投資でも、
株価が10000円のときは1株、
5000円のときは2株買えるでしょう。

バーゲンで、同じ金額なのに
たくさん服が買えるのに似ているかも。

そうね。それと、この方法では、
株価が高いときは少ししか買わないでしょう。
その結果、「1株あたりの平均購入単価が抑えられる」。
さっきの例なら、1株あたりの価格は、
Aさんの場合、8250円（33000円÷4株）で、
Bさんの場合は約7620円（40000円÷5.25株）。

本当だ！ だから、同じ値段で売ったとき、
得したり損したりするんだ。

投資で株価が下がると気が滅入るけど、
ドルコスト平均法で買っていると、下がっていても
「いまはたくさん買えるとき！」と気が楽になるの。

株の銘柄とか
調べるの
大変そう〜

5

この金融商品なら、「対象」と「時間」を分散できる

2つの「分散」ができる積立型の運用商品たち。
老後資金づくりには打ってつけといえる。

💎 対象と時間を分散投資できる「投信積立」

「対象」も「時間」も分散できるような金融商品には
どのようなものがあるんですか？

たとえば、
「投資信託」を積み立てで購入する
タイプのものがあります。
「投資信託」っていうのは、
個人から集めたお金で基金（ファンド）をつくり、
国内外の株式や債券、不動産などに分散投資して
利益を出していくものです。

ということは、
先ほどの「対象の分散」を見事にクリアできますね。

そして、運用はその道のプロである
「ファンドマネージャー」が担当。
プロにお任せする分、
個人で株などに投資するより負担が少ない
というメリットもあるんですよ。

◆投資信託の仕組み

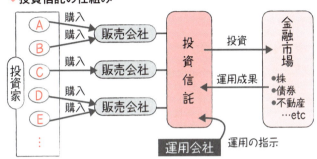

「積立型の投資信託」ということは、こうした投資信託の商品を、「毎月3万円ずつ」など、定期的に価格をそろえて買っていくんですね。
それで、「時間の分散」もクリアできるわけか。

💎 投資で得た利益が非課税になる「NISA」

投資信託といえば、2024年からはじまった新しい「NISA制度」。「投資って難しそう」と思いつつ、興味を持ち始めたという人が増えていますね。

じつは私も「新NISA」について
少し気になっていました。まわりでも
「はじめようかな」という声を聞くことが増えたので。

では、どんな制度なのか、
ポイントをおさらいしてみましょう。

103

NISAは
投資商品とは
違うのね

はい、
お願いします。

💎 NISAってなに？

NISAとは、投資信託などの金融商品を購入できる
制度の名称です。投資商品そのものではありません。
最大のメリットは、**投資で得た利益が非課税になる**こと！
たとえば、投資で10万円の利益が出た場合、
通常は約20％（約2万円）の税金がかかり、
手元に残るのは約8万円です。ところが、NISAの場合、
この10万円をまるまる受け取ることができます。

◆ 投資で得た利益が10万円ある場合

通常の投資
税金約2万円
（約20％の税金がかかる）
手元に残るのは
約8万円

NISA
まるまる
10万円
受け取れる！

税金がゼロ!?
すごくお得な制度ですね。

投資する期間や金額が増えるほど、
利益が非課税になるメリットも大きくなり、
効率的な運用が期待できるようになります。
ちなみにNISAには、「成長投資枠」と「つみたて投資枠」
があります。2つの違いを簡単にまとめました。

◆NISAの概要

新NISA	成長投資枠	つみたて投資枠
非課税期間	無期限	
年間投資上限額	合計360万円	
	年240万円	年120万円
非課税保有限度額 （総額）	生涯投資額1800万円 （うち成長投資枠は1200万円まで）	
備考	2つの枠の併用が可能。 18歳から投資可能	

💎 NISAはメリットも大きいが、デメリットも

NISAには、ほかにも
・少額から積立投資ができる
・確定申告が不要
というメリットもあります。

なるほど。NISAにはメリットが多いのですね。
ところでデメリットはないのでしょうか？

じつは、メリットだと思われやすい
「いつでも引き出せる」
これが、NISAの最大のデメリットです。
NISAは長期間にわたってつづけるほど、
リスクが抑えられます。
だから、**はじめたらできる限りやめないことが大切**
と覚えておくことが重要です。

「つみたてNISA」で長期がポイントね

長期間積み立てるとなると
無理のない金額ではじめるのが良さそうですね。

若いうちにはじめる場合は、
たとえば、毎月3000円など無理のない金額を
「つみたてNISA」に回すといいですよ。
とにかく長くつづけるのがお金を増やすコツです。

他にも知っておくべき
デメリットはありますか？

NISAの場合、
利益が出ない限りは非課税の恩恵は受けられません。
ほかにも、
・通常の課税口座のように「損益通算」ができない
・iDeCoのように所得控除がない
といったことがあげられます。

利益が出せなければ、
メリットは大幅にダウンするということですか？

そうなんです。
通常の課税口座では、利益と損失を相殺して
税金を減らせますが、NISAではそれができません。
また、積み立てたお金が所得控除の対象になる
iDeCoと違い、NISAは節税効果が直接的に
得られない点も覚えておきましょう。

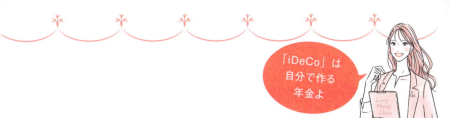

◆ 掛け金が所得税の控除の対象になる「iDeCo」

老後資金を貯める方法として「iDeCo」も
ありますが、どんな制度かご存じですか？

いえ、詳しくは知りません。
どういう仕組みなんですか？

iDeCoは、
正式には「個人型確定拠出年金」といいます。
これは、自分で毎月お金を積み立てて運用しながら、
老後のために資金を準備する制度なんです。
原則として60歳以降に受け取れる仕組みです。

それって、
どんなメリットがあるんですか？

iDeCoのいちばんのメリットは、
毎月の掛け金が「全額、所得控除の対象」になること。
つまり、積み立てをするだけで
所得税と住民税が安くなるんです。
たとえば、課税所得300万円の会社員Aさんが
iDeCoに毎月2万3000円積み立てると、
年間で約5万5200円の節税効果があります。
これを30年間つづけると、
なんと165万円以上の税金を減らせる計算です！

税金の控除は
大きい
メリットね

iDeCoの節税効果

（iDeCoの年間の掛け金）×（所得税率＋住民税率）
※所得税率は、年収に応じた所得税率

そんなに節税できるんですね。
それって、ずっとつづくんですか？

はい、掛け金を積み立てている間は毎年節税になります。
積み立て期間が長いほど、節税額も増えますよ。

◆「途中解約できない」のが最大のデメリット

ここまで聞いてきて、老後資金づくりには、
iDeCoが適しているように思いますが、
注意することはありますか？

もちろんありますよ。
iDeCoにはいくつかの注意点があります。
ひとつ目は、
「60歳まで引き出せない」ということです。
iDeCoは老後の資金を作ることを目的としているので、
「つみたてNISA」のように
途中で解約してお金を引き出すことはできません。

じゃあ、もし急にお金が
必要になったときは？

途中解約
できないから
注意してね

その場合、iDeCoの掛け金を取り崩すことはできないので、別の資金で対応する必要があります。
だから、いまの生活や将来の予定を考えた上で、
無理のない金額ではじめるのが大切です。

わかりました。
他にも知っておいたほうがいいことはありますか?

iDeCoには積み立てられる金額に上限があります。
たとえば、会社員や専業主婦(夫)の方は
月額2万3000円が上限です。一方、自営業者の場合は
月額6万8000円まで積み立てられる場合もあります。
また、掛け金は1年に1回変更が可能で、
月額5000円から1000円単位で調整できます。
柔軟性はありますが、掛け金を設定するときは
無理のない範囲で計画しましょう。

なるほど、いろいろ考えることがありそうですね。
でも、はじめたらメリットが多そう!

そうなんです。
特に若いうちにはじめると、節税効果が大きくなります。
ただし、老後の資金づくりに気を取られて、
現在の生活を犠牲にするのは本末転倒です。
iDeCoを検討する際は、家計のバランスを見ながら進めるのがお勧めですよ。参考までに、
職種別のiDeCoの積み立て限度額は次の表の通りです。

老後資金を
どう作るかは
自分次第ですね

◆ iDeCoの積み立て限度額

第1号被保険者・任意加入被保険者 自営業者、フリーランス、 学生など		月額6万8000円 (年額81万6000円) (国民年金基金又は 国民年金付加保険料 との合算枠)
第2号被保険者 会社員・公務員	企業型確定拠出年金 〈企業型DC〉 のみあり	月額2万円※ (年額24万円)
	確定給付企業年金 〈DB〉と企業型確 定拠出年金 〈企業型DC〉の 両方あり	
	確定給付企業年金 〈DB〉のみあり	
	企業年金 なし	月額2万3000円 (年額27万6000円)
第3号被保険者 専業主婦（夫） ※会社員や公務員の配偶者がいる		月額2万3000円 (年額27万6000円)

※企業年金等(企業型確定拠出年金、確定給付企業年金、厚生年金基金等)に加入している場合、月額5.5万円-事業主の拠出額(各月の企業型DCの事業主掛金額+DB等の他制度掛金相当額)(ただし、月額2万円を上限)

変額保険は
投資と保険の
いいとこどり！

◆「投信積立」に保険の機能もついた「変額保険」

そのほか、「保険」の商品ですが、
「変額保険」 などがあります。
変額保険は、あなたが支払う保険料を
保険会社が株や債券、投資信託などに運用して、
その結果によって
保険金や解約返戻金の額が変わる保険なんです。

それって、
投資とは違うものなんですか？

まさにその通り！
変額保険は、保険と投資のいいとこどりを
狙った商品なんですよ。

毎月、投資信託を購入していきながら、
万一のときの保障もしてくれるってことですか？

そう。
そして、投資信託で積み立てていった利益が、
満期に保険金として受け取れます。
つまり、保障の安心と資金づくりの楽しさの
両方がある商品ということです。
その仕組みは、次のような感じです。

「保険」で老後資金って手もあるんだ

◆ 変額保険・有期型（ユニットリンク）の仕組み

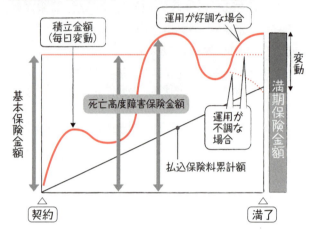

これって、満期に受け取れる保険金は
運用の成績次第ですか？ リスキーじゃないですか！

あらあら、さっき説明したことを思い出してください。
「変額保険」は、投資する「対象」と「時間」を
分散して運用しています。

それで、リスクを
コントロールしていけるんですね。

それともうひとつ、「変額保険」のメリットは、
保険なので、毎月、自動的に保険料として口座から引き落
とされること。強制的に毎月、金額をそろえて「投資」し
ていることになるでしょう。

老後資金を貯める方法はいくつかありますが、
そのとき大事なのは、
老後までの時間を有効に活用して、
リスクをコントロールしながら、
金利を味方につけること。
それができる商品として、積立型の投資信託や
変額保険などはお勧めなわけです。

◆ 老後資金に向く金融商品のリスクとリターン

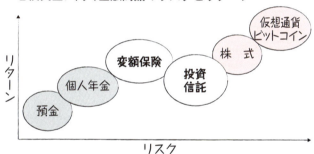

さて、今日はこんな感じですかね。
老後の資金づくりの疑問は解消できたかしら？

それはもう！　ありがとうございます。
モヤモヤっとしていたものが、クリアになりました。
いまご紹介いただいた商品について、
今日帰ったら、さっそく調べてみます。

わからないことがあったら、
いつでもまた相談に来てくださいね！

ルーシー先生のひとり言③

単利と複利

「複利」のパワーで、お金に働いてもらう

複利は人類最大の発明？

「複利は人類最大の発明である」——これは、物理学者のアインシュタインが語ったとされる言葉で、投資の入門書やマネーセミナーなどでもよく引き合いに出されます。

複利とは、元本に、そこについた利息を組み入れ、利子をつけていく計算方法です。複利の対義語に「単利」があります。

たとえば、100万円を1％の複利で運用したとします。

1年後には1万円の利息がつきますね。

すると、2年目は、元本の100万円に利息の1万円を加えた101万円に1％の利息がつく。これが「複利」です。

一方、「単利」の場合は、何年たっても元本の100万円にしか利子はつきません。

複利は「雪だるま」のようにお金が増える

「複利」の本当のパワーを実感するのは、10年、20年運用しつづけたときです。

「雪だるま」式にお金が増えていくのです。

◆ 100万円を年5％の金利で運用すると……

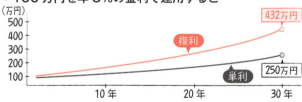

どうですか？　この複利のパワー。

みなさんも「複利」を味方につけ、お金にもしっかり働いてもらいましょう。

Chapter 4

パパのお小遣いより、わが子の教育費?

わが子のハッピーな将来も先立つものがあってこそ。
子どものお金はどう貯める?

教育費

4組目の相談者 真木佐和子さんの場合……

「子どものお金」を しっかり貯める方法は？

うちの子には
ハッピーな人生を
送ってほしい

1

子どもの教育費って、いくらかかるの?

「人生の3大支出」と言われる教育費。
わが子のために、しっかり備える!

♦ 「私立」の学費は、公立の数倍以上!!

インタビュー記事で、下の表はご覧になったでしょう。
幼稚園から高校までにかかる教育費の一覧です。

◆幼稚園から高校卒業までにかかる学習費の総額

	学習費総額				合計
	幼稚園	小学校	中学校	高等学校	
ケース1 (オール公立)	公立 53万 2177円	公立 201万 7378円	公立 162万 6213円	公立 178万 7328円	596万3096円 (公→公→公→公)
ケース2 (幼稚園のみ私立)					646万9006円 (私→公→公→公)
ケース3 (高校のみ私立)					725万3003円 (公→公→公→私)
ケース4 (幼稚園と高校が私立)					775万8913円 (私→公→公→私)
ケース5 (幼稚園と中学と高校が私立)	私立 103万 8087円	私立 1097万 4394円	私立 467万 1589円	私立 307万 7235円	1080万4289円 (私→公→私→私)
ケース6 (オール私立)					1976万1305円 (私→私→私→私)

文部科学省「子供の学習費調査」(2023年度)より作成

トータルで見ると、
教育費ってすごい金額なんですね。
驚いちゃいましたよ。

それぞれ具体的に見ていきましょうか。
まずは幼稚園から。
下の表は、公立・私立それぞれについて、
1年間にかかる費用の平均です。

◆ 幼稚園時代にかかる教育費

(年間)

	公立幼稚園	私立幼稚園
トータル	18万4646円	34万7338円
園費	8万4597円	18万9803円
園外教育費	10万0049円	15万7535円

文部科学省「子供の学習費調査」(2023年度)より作成

総額は、公立だと平均で約18万円、
私立だと約35万円。
ちなみに、園外(学校外)教育費というのは、
主に習い事や塾にかかるお金のことです。

うちは私立に行かせているんですが、
教育費は公立の倍ぐらいかかるんですね。
公立に行かせればよかったな〜。

公立の魅力は、やはり安さですよね。
そうした特徴は、幼稚園以降でも同じです。

学校以外にもお金ってかかるわ〜

じゃあ、次は小学校でかかる教育費を見てみましょう。

◆ 小学校時代にかかる教育費

(年間)

	公立小学校	私立小学校
トータル	33万6265円	182万8112円
学校教育費	12万0158円	110万7684円
学校外教育費	21万6107円	72万0428円

文部科学省「子供の学習費調査」(2023年度)より作成

小学校って義務教育だから学費はタダだと思ってたけど、そうじゃないんですね。

給食費とか、もろもろかかりますからね。

なるほど。それにしても、公立と私立とではすごい差ですね。5倍以上の差がありますね！中学校でも、公立と私立はこれくらい差があるんですか？

💎 公立コースは中学3年時にグーンと出費増！

小学校よりは差は縮まりますが、それでも、3倍近い差はありますね。次に挙げる表が中学時代にかかる教育費です。

そのあたりは
お財布と
相談しつつね

◆ **中学校時代にかかる教育費**

(年間)

	公立中学校	私立中学校
トータル	54万2475円	156万0359円
学校教育費	18万6414円	113万7378円
学校外教育費	35万6061円	42万2981円

文部科学省「子供の学習費調査」(2023年度)より作成

相変わらず私立は高い……。
でも、「学校外教育費」は、「学校教育費」と比べると
公立と私立でそこまで大差にはなっていませんね。
これはどうしてですか？

さすが、目のつけどころがいいですね。
公立中学の場合は、最後に高校受験があるでしょう。
だから、中学3年になると
塾に通う子どももグーンと多くなるの。
それに伴って、その時期、学校外教育費が上がる。
一方、私立の場合は、
中高一貫で高校受験がない学校も多いので、
受験に向けての塾代などがあまりかからないんです。

そうした違いが、
この数字に表れているんですね。

たとえば、次ページのグラフを見てください。
補助学習費というのは、学習塾や家庭教師、通信教育など
にかけたお金のことです。

「大学までは出してやりたいな〜」

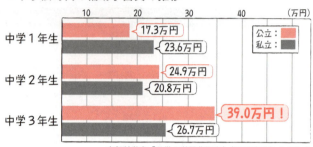

◆ 中学校時代の補助学習費の推移

- 中学1年生：公立 17.3万円／私立 23.6万円
- 中学2年生：公立 24.9万円／私立 20.8万円
- 中学3年生：公立 39.0万円！／私立 26.7万円

文部科学省「子供の学習費調査」（2023年度）より作成

公立の場合、
中学3年のときにグーンと上がっている。
公立中学に通わせた場合、
中学3年のときの出費は跳ね上がると
覚悟しておいたほうがいいってことですね。

高校の場合も、
やはり3年のときの出費はグーンと増えますね。
大学受験の場合、私立も公立もあまり関係ないので。
ちなみに高校でかかる費用は
こんな感じですね。

◆ 高校時代にかかる教育費

（年間）

	公立高校	私立高校
トータル	59万7752円	103万0283円
学校教育費	35万1452円	76万6490円
学校外教育費	24万6300円	26万3793円

文部科学省「子供の学習費調査」（2023年度）より作成

高校だと、「私立」の可能性もありますよね……。
公立志望だったけど受からず、「私立」ってケース
たまに見かけますもん。
となると、100万円以上。
ダンナが出世してくれて、
そのときに給料も上がってくれているといいんだけど……。
そのころ、うちのダンナは40代後半だから
そこそこ出世してくれているかな〜。

いま、佐和子さんがおっしゃったように、
**「そのころ、自分は何歳だろう？
どういう生活をしているんだろう？」
とイメージするのはとても大切**ですよ。
そうやって将来を見据えると、
いまやるべきことが見えてくるでしょう。
自分の人生のライフプランが立てやすくなります。
とくに、お子さんを「大学まで出そう」と思った場合は、
いまから将来を見据えることは必須です。

どうして、
大学まで出そうと思った場合は
「とくに」なんですか？

教育費で一番お金がかかるのは、大学だからです。
大学となると、かかる教育費のケタが違ってきます。
百聞は一見に如かず！
大学時代にかかる教育費を見ていきましょうか。

子を持って親のありがたみを感じる

2

教育費づくりの究極の ゴールは、じつは「大学」!

教育費の最大のピークは「大学」。
4年間で約1000万円必要というデータもあり。

💎 大学に通わせるには、最低500万円必要?

下の表は、
大学の1年間の学費のデータです。

◆ 大学の学費

(年間)

国公立4年制大学	私立4年制大学・文系	私立4年制大学・理系
103万5000円	152万円	183万2000円

(日本政策金融公庫「教育費負担の実態調査結果」2021年度より作成)
※ここに含まれているのは、授業料や通学費、教科書代など。

本当だ。さっきまでとは金額が大きく違ってきますね。
がんばって、国立に行ってもらっても
100万円超ですよ。
気絶しそうです。

これは大学に入れたあとの費用でしょう。
大学に入るためには、
予備校の費用のほかに、
実際、試験を受けるための受験料などもかかります。
次ページの表はそのだいたいの金額です。
なかなかの金額でしょう。

とくに子育てのお金を知るとね

◆ 大学の受験料

共通テスト（3教科以上）	1万8000円
共通テスト（2教科以下）	1万2000円
国公立大学2次試験	1万7000円
私立大学（一般入試、文系・理系）	平均3万5000円
私立大学（歯学部・医学部）	平均6万円

※2025年度現在。編集部にて調査したデータ

お恥ずかしながら、これは私も身に覚えが……。
私立大学を8校ほど受験したんですけど、
当時の受験料が3万円くらい。
トータルで24万円でしょ。
うちの親、よく出してくれましたよ。

教育費ってものをあらためて考えると、
自分の親にものすごく感謝したくなりますよね。
よくぞここまで！って。

ですよね〜。
で、受験が終われば、
先ほどの学費の負担が
親にはドッカリくるわけですね。
いやはや……。

下宿させるとなると、さらにお金がかかってきます。
準備費用もそうですし、
その後は仕送りとかもしなくちゃならないし。
1年目は200万円強かかるってデータもありますよ。

子は大学生活を
エンジョイして
親は……

えっ、そんなにかかるんですか？
ビックリ!!

だって、下宿先の敷金・礼金を払ったり、
新生活用の生活用品をそろえてあげたり、
いろいろ物入りですからね。

……結局、子どもひとりを大学に行かせるとなると、
いくらかかるんですか？

国公立で自宅通学で、という一番安いコースでも、
500〜600万円はかかりますよね。
私立・自宅通学だと800万円前後かな。

◆子どもを4年間大学に通わせると……

下宿をさせれば、年間で平均100万円前後かかるので、
それぞれの数字に400万円前後プラスとなりますね。

となると、国立でも1000万円近いんですね。
先生が「大学が一番お金がかかる」という意味が
よくわかりました。

教育費のピーク時は、親の収入減の時期?

さらに、お子さんが大学に行く時期って、
親御さんは50代が中心。
その年代は、収入がピークを迎え、下降へと向かう時期でもあるんです。下のグラフを見てください。

◆ 会社員の年齢別平均給与

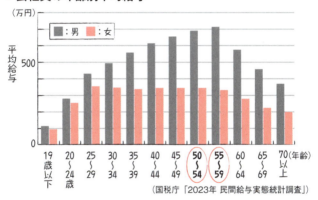

(国税庁「2023年 民間給与実態統計調査」)

60歳になると急に減っていますね。
これでは、**家計が大ピンチで、
子どもの学費どころではない**って
可能性もあるわけですね。

そう。だからこそ、
お子さんを大学まで出そうと思ったら、
前もって準備をしておくことは必須なんです。
でなければ、叶わぬ夢になってしまいます。

学資に使える保険ってどうですか？

3

教育費は「時間」を味方に、じっくり貯める

「保険」は教育資金づくりの強力なサポーター。
確実に貯められて、「万一の保障」にもなる。

♦ 確実に教育費をつくっていくには？

大学を卒業させるために、子どもの教育費を
どうやって貯めていけばいいんでしょうか？

堅実に貯めていくのには、
たとえば、「学資」に使える保険などを
利用するといいと思います。
これは、毎月保険料を払い、
子どもの進学時や満期時に
お金が受け取れるという保険です。

でも、それだったら、わざわざ保険に入らなくても、
銀行や郵便局で積み立ててもいいですよね。

どちらを選ぶかは、「保険」「貯蓄」それぞれの特徴を、
親御さんがどう捉えるかだと思います。
保険の場合、親などの契約者に万一のことがあった場合、
その後、保険料を払わなくても契約通りのお金が
もらえて、「保障」という要素もあるわけです。
一方の貯蓄には、それがないでしょう。

◆「保険」は四角、「貯蓄」は三角

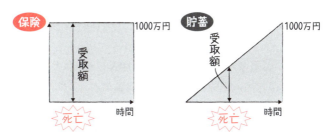

保険の場合、教育費だけでなく、
万一にも備えられるってわけですね。

ただし、学資に使える保険の場合、「貯める」といっても
利回りはそれほどよくありません。
まあ、それは預貯金でも同じですけどね。
なので、私が学資保険の効果としてよくお話しするのが、
貯蓄性よりも、お金の「色分け」ができるってこと。

「お金の色分け」って
何ですか？

つまり、「これは教育費」と、
ほかのお金と区別して
貯めていくことができるってことです。
それに、保険の場合、
途中で解約すると戻ってくるお金も少ないから、
滅多なことがない限り、解約しませんよね。

学費は自分でって教育方針もあり?

よほど切羽詰まったときじゃないと、
解約しませんよね。
だから、確実に貯められるってわけですね。

お子さんが生まれたときに加入した知人などは、
「大学入学時にまとまったお金が入って助かった〜」と
喜んでいましたよ。

時間をかけて積み立てていけば、
それなりの金額になるんですね。

ええ。貯めるには、
「時間をかける」ということも大切ですし、
お子さんが小さいうちにはじめるっていうのも大事ですよ。
公立コースなら、小学生くらいまでそれほどお金がかからないので、貯めるチャンスです。

◆ 教育ローンや奨学金という方法も

そのほかに、
教育資金をつくる方法ってありますか?

「教育ローン」というのもあります。
たとえば、日本政策金融公庫の「国の教育ローン」や
銀行の教育ローンなどね。
でも、これらは「借金」だから、
いずれは返さなければいけませんけどね。

「奨学金」というのもありますよね。
大学のとき、まわりで結構受けている人がいました。

それもひとつの選択肢ですよね。
国や自治体、会社などから
さまざまな奨学金制度が提供されていますから。

◆ 教育資金のつくり方

　学資に使える保険　　　教育ローン　　　奨学金

家庭内の教育方針を明確にする

教育費については、
いざとなったら、足りない部分を
カバーしてくれる手立ては、
いくつかありそうですね。

とはいっても、
その場その場でしのいでいくっていうのでは、
お子さんの進路の選択肢を狭めてしまうわ。
「○□大学で〜について学びたい」と
お子さんが希望を抱いても、
「学費が出せないからあきらめて」では
かわいそうでしょう。

子どもの芽を、親の都合で
つぶすことになってしまいますね。
それは避けたいですよね。

そうした事態を避けるためにも、
せっかくだからこの機会に、
ご主人とお子さんの教育方針について
すり合わせておくといいのでは？
ご夫婦の間でも、教育方針って違ったりしますからね。
私立か公立かでも、結構意見が分かれたりするものですよ。
話し合うことで、
ご家庭の教育方針というものが
だんだんひとつにまとまっていくはずです。
さらにそこへ、
ご家庭のライフプランを
反映させていくといいと思います。

「ライフプラン」って
何ですか？

「人生の設計図」のようなものです。
10年後、20年後、
わが家はどうなっているかをイメージしていくのです。
こうしたプランがあれば、
それに備えて準備ができるでしょう。
たとえば、佐和子さんのご家庭なら、
次ページのようなライフプランが描けるかしら。

この機会にぜひ！
ご家庭の
ライフプランもね

◆ 真木家のライフプラン

| 私 | 30代 | 第2子出産 | 40代 | 50代 | 60代 |

| 夫 | 30代 | 40代 | 50代 | 60代 | 退職 |

| 子 | 幼稚園 | 小学生 | 中学生 | 高校生 | 大学生 | 就職 | 独立 | 結婚 |

| 子 | 幼稚園 | 小学生 | 中学生 | 高校生 | 大学生 | 就職 | 独立 |

こうやってみると
これからのことがイメージできますね。
なんだかやる気になってきました！
さっそく、ダンナにもいろいろ聞いてみます。
いや〜、先生、いいきっかけをありがとうございました。

いえいえ。将来のお金のことでわからないことがあったら、
また相談にいらしてください。
今度はご主人も一緒のほうがいいかもしれませんね。

はい。そうします。
本当に今日はありがとうございました！

ルーシー先生のひとり言④

お金の教育

小さいうちから
「お金の大切さ」を学ばせよう

高校で「お金の授業」がスタート！

「お子さんの教育」というと、勉強やマナー、スポーツ、芸事などの習い事といったことが思い浮かぶかもしれません。

私はそこに「お金の教育」も加えることをお勧めします。

2022年度から、高校の家庭科では金融教育の学習がはじまっています。家計管理やライフプランニング、保険、資産形成、ローン、金融トラブルなど、お金全般について学びます。

法改正で成年年齢が18歳となり、それに伴いNISAの対象年齢も18歳に拡大されました。一部の金融機関では、クレジットカードの契約も本人の意思だけで締結できます。

しかし、18歳ではまだ社会に出ていない人も多く、さまざまなお金のトラブルに巻き込まれてしまうかもしれません。

こうした危険からお子さんを守るためにも、小さいころからの「お金の教育」が非常に大切だと思います。

お小遣い帳やお駄賃制など、メニューはさまざま

「お金の教育」でとくに大切なのは、「お金は決して天から降ってくるものではない」ということを、お子さんに知ってもらうことではないでしょうか。働かないとお金は得られないし、無駄遣いを減らさないとお金は貯まりません。

そうしたお金の道理を、お小遣い帳をつけさせたり、お手伝いをしたらお駄賃を渡したりといった方法で、子どもに体で覚えていってもらうのです。そうした体験が、将来の「稼ぐ力」にもつながっていくはずです。

また、最近では、「お金の教育」をテーマにしたゲームや本なども出されていますので、そうしたものを活用してもいいのではないでしょうか。

Chapter 5

その家を買って、10年後も幸せですか？

マイホームにも、賃貸にも、
それぞれにメリット・デメリットがあります。
どちらを選ぶかは、自分次第!

住宅
ローン

5組目の相談者 朝倉のぞみさんの場合……

購入がいいか、賃貸がいいか、決断がつきません……

マイホームはほしい。でも住宅ローンが気になって……という朝倉さん。ルーシー流「家族をハッピーにする購入術」に興味津々……。

「賃貸か購入か悩むんですよね……」

あなたは賃貸向き?
それとも購入向き?

家は「借りるべきか」、「買うべきか」に、答えはない。
メリット・デメリットから判断する。

❤ どのスパンで見るかで、「安い」「高い」は変わる

のぞみさんに質問です。
賃貸と購入とでは、
一生涯に払う金額はどちらが安いと思います?

賃貸と購入ですか?
うーん、賃貸かなぁ……。

じつは、金額的にはあまり変わらないんです。
のぞみさんがおっしゃるように、
前半は賃貸のほうが
支払いは少なくてすみます。
でも、だんだんトントンとなり、
40年も経つと逆転するんです。

えっ? 賃貸のほうが
支払いが多くなるんですか?
となると、長生きするほど
「購入のほうが安かった」となるんですね。
それは意外!!

もちろん、ケースバイケースだけどね。
賃貸と購入それぞれで支払う金額の
シミュレーションをイメージするとこんな感じ。

◆賃貸と購入。生涯に支払う金額のシミュレーション

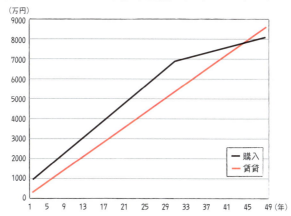

【前提条件】
<購入>
3800万円の物件
頭金：300万円、諸費用：200万円
借入：3500万円借入れ
　　　金利変動なし
　　　30年返済
毎月返済額：約14.8万円
管理費・修繕積立金：毎月2万円
固定資産税・都市計画税：毎年15万円
※金額は変動しないものとして計算

<賃貸>
家族構成などにより、引っ越しを行なう
賃料：
　当初4年間：毎月10万円
　5〜26年目：毎月15万円（この間に一度引っ越し）
　27年目以降：毎月12万円
入居時の敷金、礼金、仲介手数料：4カ月分
引っ越し費用：30万円
更新料：2年ごとに1カ月分
※金額は変動しないものとして計算

結局、賃貸が購入を逆転するなら、
買ったほうがいいのかな〜。

買ったら自分のモノになりますものね。
賃貸の場合は、いくら家賃を払っても他人のモノのまま。

買うと
引っ越ししづらく
なりますよね

夫もよくそう言うんです。
「ローンを払い終われば住居費から解放されて、
家計が楽になる」って。実際、そうなんですか？

まったく住居費がかからなくなるわけではありません。
固定資産税や都市計画税がかかりますし、
マンションの場合、管理費や修繕積立金といった負担もあ
りますからね。
それでも、家賃に比べれば安いですけど。

◆「賃貸」だと、老後に住む家がなくなるって本当？

あと夫が言うのが、
賃貸だと、老後は家が借りにくくなるって。

現状では、そういうこともあります。
高齢者の方に貸すのを嫌がる大家さんもいらっしゃるので。
ただ、今後変わっていくんじゃないかしら。
だって、これだけ高齢化社会が進めば
そうも言っていられなくなるでしょう。
逆に、「高齢者向け」の住宅も増えていくのでは？

「借りる家がない」という不安は
解消される可能性大ってことですね。
でも、家賃負担がつづくのはなぁ……。
だんだん購入のほうに
気持ちが傾いてきました。

引っ越し好きの
人には
つらいところね

老後の生活を考えるとそれもひとつの選択です。
一方で、**一度購入してしまうと、**
家族内のいろいろな変化に対応しづらくなります。

それって、
どういうことですか？

たとえば、家族が増えたり減ったりといった
ライフスタイルの変化に対応しづらくなる。

うちの両親がそんなことを言っていました。
「お前たちが独立したあと、
夫婦ふたりで3LDKは広すぎる」って。

そのほか、これは「万一」ですが、
ご主人のお給料がガクンと下がってしまえば、
これまで通りに住宅ローンを返済していくのが
難しくなる。

考えたくないですが、
人生は何が起こるかわかりませんからね。

そのとき、賃貸だったら
すぐに家賃の安いところに引っ越せるでしょう。
こんな具合に、ライフスタイルや環境の変化に合わせて
柔軟に対応していける点では、賃貸に軍配が上がります。

賃貸の魅力って、
身軽さと柔軟性って感じですね。

ただし、賃貸の場合、結局は「他人のモノ」です。
なので、いろいろ制約があります。
一方、購入すれば「自分のモノ」でしょう。
なので、自分の好きに使えますよね。
リフォームしたりとか。
賃貸と購入それぞれの
メリット・デメリットを整理すると、
こんな感じよ。

◆ 賃貸・購入のメリット・デメリット

	メリット	デメリット
購入	＊自分の「資産」となる ＊「ステータス」が得られる ＊自分の自由にできる ＊住宅ローン完済後、負担が少ない ＊税制面での優遇がある ＊大黒柱が亡くなったときに、住宅への不安がない	＊購入には、ある程度の自己資金が必要 ＊ライフスタイルの変化に対応しづらい ＊大きな借金を負うことになる ＊修理やメンテナンスが自己負担 ＊固定資産税などの維持費がかかる
賃貸	＊ライフスタイルの変化に対応しやすい ＊修理やメンテナンスの負担が原則ない ＊初期投資が、購入より少ない	＊借り物なので、それなりの制約がある ＊管理費を払う ＊家賃の負担が老後までつづく ＊老後に転居がしづらい

ぜひ勉強して心配を払拭しましょう！

◆ 買うか借りるかは、個人の価値観次第

**買うか、借りるかって、
結局、それぞれの特徴を個人がどう捉えるか**、ですよね。
たとえば、のぞみさんだったら、
「家」について優先したい価値観って何ですか？

メリット・デメリットから考えて
あらためて整理してみると、
「自分のモノ」ってことかな……。

となると、
「購入」になるのかしらね。

ただ、「購入」となると、
やっぱり住宅ローンが心配なんですよね。
本当に大丈夫かなって。

だからこそ、買う前には、住宅ローンについて
しっかり勉強しておく必要があるんです。
無理のない返済計画が立てられれば、
住宅ローンは決して恐れるものではなくなります。
というより、マイホームを手に入れる強い味方に
なってくれます。

では、今日はぜひ、賢く住宅ローンを借りるための方法を
学んで帰りたいと思います。

モデルハウスに行くとワクワクしちゃう！

2

住宅ローンは、「借りられる額」ではなく「返せる額」

「返済は家賃なみ」を鵜呑みにしてはいけない。
「無理なく返せる額」を算出すること。

💎 物件を見る前に、まずはローンシミュレーション！

家を買うと決めたら、
最初に取り組むべきことは何だと思います？

そうですね〜。
やはり物件探しからかな〜。

つまり、物件を見つけてから、
それを買うためのローン計画を立てていくって感じね。
じつはね、**それがもっともローン返済で
苦しくなってしまうパターン**なんですよ。

そうなんですかっ!!
知らなかった!!!

だって、新築のモデルハウスなんて行ったら、思わず買いたくなるでしょう。ところが、はるかに予算オーバー。
あきらめかけたところに、
不動産業者の悪魔のささやきですよ。
「大丈夫です。いまのお家賃の範囲内で購入できますよ」

その言葉、よく耳にしますよね。
でも、実際、ローンシミュレーションをしてもらうと、
本当に家賃なみの返済で大丈夫そうなんですよ!

そのローンシミュレーションに、
じつは「まやかし」が隠されているの。

💎「家賃なみで購入できますよ」のカラクリ

いまって、ものすごく金利が低いでしょう?
その低い金利で計算すると、
たしかに家賃なみになるかもしれません。
でも、それは変動金利での計算なので、
この先10年、20年、
その返済額が保証されているわけではないんです。

「変動」ってことは、
ローンの金利が
たびたび変わるってことですか?

そうです。
定期的に金利の見直しが行なわれ、
そのつど、金利が変わる可能性があるのが
「変動金利」の住宅ローン。
住宅ローンの金利には、
もうひとつ「固定金利」というのがあるんですが、
これは、返済期間中、金利がずっと同じ。

いまの家賃
くらいなら
返せるかな？

◆ **変動金利と固定金利**

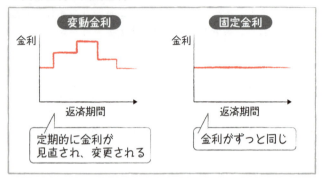

じゃあ、「変動」で、もし金利が上がってしまったら、
「家賃なみ」とはいかなくなる？

その通りです。
ところが、最初にモデルルームを見て、
「これがほしい！」となったら、
変動金利のリスクなんて忘れて
多少無理してでも買ってしまいがちでしょう。

その結果、住宅ローンの負担が重くのしかかってくる……。
そんな事態を避けるには、どうすればいいんですか？

それには、物件探しをする前に、「ローンシミュレーション」をしっかり行なっておくことです。
そこで、無理なく返済できる月々の金額を正確に出して、
それをベースに購入できる金額を算出していきます。

「いま」はね
でも 10 年あとは
どう？

❤ 基準となるのは、いまの「家賃」

わが家が無理なく借りられる金額って、
どれくらいなんですか？

まず目安になるのは、いまの家賃です。
それで現在、生活がうまくまわっているのだから、
「無理なく返せる額」でしょう。

なんだ、
そんなに簡単に
わかってしまうものなんですね。

ただし、住宅ローンは、
この先10年、20年と返しつづけていくものでしょう。
いまの家賃の金額を
先々まで「無理なく」払えるかどうかは
わかりません。

たしかに、そうですよね
夫の収入が、万一、減ってしまったら、
いまの家賃はきついだろうな〜。
住宅ローンって、
先の先まで見通す必要があるんですね。

その視点は絶対に
忘れてはいけませんよ。

3

「住宅購入OK!」のタイミングとは？

余力を持って買うことが
幸せなマイホーム生活につながる。

💎 「返せる金額」から「借りられる額」を計算する

ルーシー先生のいままでのお話で、
月々に無理なく返せる額はわかりましたけど、
結局わが家は、いくらの借金ができるのでしょうか？

それには、金融機関がインターネットで提供している
ローンシミュレーションのサービスを
活用するといいですよ。
月々の返済額を入力すれば、
簡単に借入可能な金額を算出できます。

そんな便利なものが
あるんですか？

たとえば、
「住宅金融支援機構」のホームページにアクセスすると、
シミュレーションが簡単にできますよ。
「毎月の返済額から借入可能金額を計算」というところで
算出するんです。
次ページの画面がそれです。

その範囲で買うのがハッピーにつながるの

◆「住宅金融支援機構」のローンシミュレーション例

(同機構ホームページ「住宅ローンシミュレーション」より)

毎月返済額	◯◯◯◯ 万円
融資金利	◯◯◯◯ ％ 📖 最新の金利情報 ※【フラット35】S（優良住宅取得支援制度）をご利用の場合は、引下げ前の金利を入力してください。
返済期間	35 年 ※15年以上35年以下でお選びください。なお、お申込時の年齢が60歳以上の場合は10〜14年もお選びいただけます。 ※【フラット50】をご利用の場合は、36〜50年もお選びいただけます。
返済方法	⦿元利均等 ◯元金均等 📖 元利均等返済と元金均等返済とは？
	▶ 計算する　▶ クリア

これなら、
私でも簡単に計算できそう。

こういったシミュレーションで
住宅ローンで借りられる金額がわかるでしょう。
そうしたらそれに、
現状で準備できる「自己資金」、
つまり頭金を足します。
その数字が、
のぞみさんのご家庭が購入できる
だいたいの金額になります。

頭金ゼロで買う人
結構いますよね

💎 準備すべき自己資金は、購入価格の3割

「頭金」はどれくらい用意すればいいかの
目安ってありますか？

頭金は、購入価格の2割を準備すると妥当だと
言われています。
3000万円の物件なら、600万円ね。

「頭金ゼロ」なんて、
くれぐれも厳禁ってことですね。

そうなの。
たとえば、新築を買った場合、その価格には
広告費とか不動産業者の人件費も含まれているから、
買ってすぐ売却しても2割減だった
っていう物件もあるんですよ。

その場合、3000万円の新築を買ってすぐに売却したら、
高く売れても2割減の2400万円ってことですよね。

ええ。そのとき、
頭金ゼロで3000万円のローンを組んでしまえば、
売っても600万円の借金が残ってしまうわけです。

借金600万円!!
怖すぎる!!!

これが
頭金ゼロの怖さです。

そうした事態を避けるためにも、せめて購入価格の
2割分の頭金を用意しておく必要があるんですね。

それと、住宅を購入する際には、「諸費用」がかかります。
それは聞いたことあります?

はい。税金とか登記費用などで、
いろいろかかるんですよね。

◆ **住宅購入でかかる諸費用**

そうです。
それはだいたい住宅の購入価格の1割といわれています。
3000万円の物件だったら300万円。
それもあらかじめ準備しておいたほうが安心ですよね。

住宅ローン
恐れるに足らず
ですね

ということは、購入価格の3割は
手元に用意しておくってことですね。
家中のお金をかき集めればなんとかなるかな〜。

ちょっと待ってください！
この3割を準備するために
お金を全部使ってしまってはダメですよ。
この先、何が起こるかわからないのだから。

たしかに、そうですね。
ほかにもいろいろお金がいりますからね。

ある程度のお金はかならず残しておくこと！
これは決して忘れないでくださいね。

◆ 賢い住宅購入は「身の丈に合ったものを買う」！

ここまでしっかり考えて
購入できる価格を検討すれば、
「これなら返済できる」という自信が持てますね。

そうそう。あとは、その価格の範囲内で、
自分が納得できる家を探していけばいいってわけです。
私がもっとも言いたいのは、
住宅ローンに振りまわされてほしくないってこと。
身の丈以上の家を買ってしまい、その返済に追われて、
いまの生活を楽しめないのは悲しいじゃない。

適切に活用すれば
強い味方よ

住宅ローンのために、子どもの教育費を削る、
なんていうのも本末転倒ですしね。

「家」も人生においては大切な要素です。
でも、自分の「家」を持つことが、
人生の「主」ではないと思うんです。
自分や自分の家族が、いまも、そしてこの先も、
ハッピーな人生を送っていける。
それがもっとも重要なのではないでしょうか。
その意味で、住宅を購入するなら、
無理せず、身の丈に合ったものを探していく。
そうしたスタンスが、とても大切だと思います。

今回のお話で
それはすごくよく理解できました。
家を買うって、とても夢のあることなんですね。
ワクワクしてきました。
ありがとうございます!!
さっそく夫とじっくり話し合ってみます。

おふたりの話し合いが進んだら、
今度はご主人といらしてください。
具体的な数字を出していきながら、
無理のない返済計画を考えていきましょう。

はい。
よろしくお願いいたします！

ルーシー先生のひとり言⑤

住宅ローンの繰り上げ返済

まとまったお金で、ローンを減額する

「返済期間」や「月々の返済額」に変化が！

　住宅ローンは「借金」ですから、できるだけ早めに返し終えてしまいたいという人もいますよね。そういう人にお勧めしたいのが、「繰り上げ返済」です。

　これは、まとまったお金ができたら、返済に充てる、というもの。

　そのお金は「元金」の返済に充てられるため、その分、利息を減らすことができます。その結果、返済の期間を短縮したり、あるいは月々の返済額を減額できたりするのです。

　前者を「期間短縮型」、後者を「返済額軽減型」と呼びます。

ほかのライフイベントとのバランスも大事

　では、どのような仕組みかというと、次の通りです。

◆「期間短縮型」と「返済額軽減型」

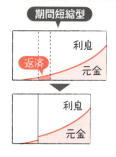
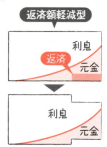

　ただし、住宅ローンの返済も大切ですが、その分、老後資金づくりなどにしわ寄せがくれば、本末転倒です。

　ライフプランでほかのライフイベントとのバランスを見ることも忘れずに。

Chapter 6

やっぱり
「備えあれば、憂いなし」

「万一」はいつ起こるかわからない。
事前の「備え」が、あなたの「いざ」を助けてくれる!

保険

6組目の相談者 **藤原彩**さんの場合……

「本当の安心」が得られる保険のかけ方とは？

最近ママになった藤原さんは保険の加入を検討中。
保険の基本から教えてもらうため、ルーシー先生
を訪ねます。

夫の「万一」なんて考えたくない

1

わが家の「万一」に備えるお金を知ろう

残された家族の生活費と
子どもの教育費をしっかり確保する。

◆ 安心は死亡や病気のリスクに備えてこそ

では、彩さんのご家庭で
「これが起きたら家計は大ピンチ」って言ったら、
何が思いつきますか？

うちですか？ 何だろう。
やっぱり夫の身に万一のことがあったときかしら。
私、専業主婦だし……。
仕事を探すにも、
小さい子どもがいたら難しいですものね。

そうね。大黒柱であるご主人の「死亡」や「病気」には
しっかりと備えておく必要がありますよね。
それと、彩さんご自身が
「病気」になったときの備えも大切ですよ。

そうか！
私が病気になって、
多額の医療費で家計が大ピンチってことも
ありますもんね。

このようにして「万一」が具体的に見えてきたら、
次にするのが、
それぞれの「万一」に対して、
どれくらいのお金を備えておけばいいのかを
チェックすること。

たとえば、夫に万一のことがあった場合に、
残された私たち親子が暮らしていくのに
どれくらい必要か、などですか？

そうです。じゃあまず、一番考えたくないことだけど、
「亡くなってしまった」という事態について
見ていきましょうか。
その場合、
お子さんが大学を卒業して（22歳）独立するまでと、
独立したあとの彩さんのご家庭で必要な生活費
の2つを計算します。
これが計算式ですよ。
前者が1、後者が2となります。

1　残された家族の1カ月の生活費 ×12カ月×（22歳−末子の年齢）

2　妻の1カ月の生活費 ×12カ月×（女性の平均寿命 − 末子が22歳のときの妻の年齢）

※女性の平均寿命は87.14歳（2023年度厚生労働省データ）

子どもが
独立するまでは
がんばる！

1と2の答えを足すと
彩さんの一生の生活費が
わかります。
ちなみに、「1カ月の生活費」は
子どもが独立するまではいまの7割、
独立後は5割にするといいでしょう。
ただし、住宅ローンを払っている場合は、
その数字を引きます。

住宅ローンを
どうして引くんですか？

住宅ローンを組むときに
「団体信用生命保険」に加入すると、
大黒柱が亡くなった際、返済が免除になるんです。

それはありがたいですね。
じゃあ、うちの場合を計算すると……、
月々の生活費は25万円くらいだから、
それを7掛けにすると……
1 17万5000円×12カ月×21年＝4410万円
2 12万5000円×12カ月×37年＝5550万円
合計9960万円……。えっー！
1億円近いお金が必要なんですか!?

さらに、お子さんを育てていく上では、
教育費もかかりますから、その金額をプラスします。

となると、残された家族に必要なのは、
「必要な生活費」と「教育費」の
合計になるわけですね。

◆ 残された家族に必要なお金

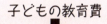

子どもの教育費
＋
必要な生活費

💎 残された家族には「遺族年金」が支給される

じゃあ、保険金で準備する金額は、
この「必要な生活費」＋「教育費」の合計ですか？
ものすごい金額になりそうですね。

いえいえ、そうじゃないんですよ。
大黒柱が亡くなると、**年金制度から
「遺族年金」というものが支払われます。**
なので、保険金として準備するのは、
先ほど出した「必要な生活費」＋「教育費」から
「遺族年金」を引いたものとなります。
彩さんのご家庭の場合、
（9960万円＋教育費）－遺族年金
で計算します。

遺族年金ってものがあったんですね!?

年金って、老後だけじゃなく、
亡くなった場合も支払われるんですか？

ええ。ご存じない方、結構、多いんですよね。
下の図だとわかりやすいかしら。

◆ **遺族年金について**（18歳未満の子のある妻の場合）

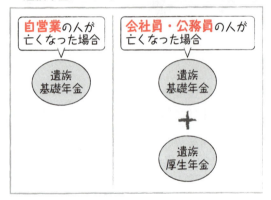

どれくらいの金額が
支給されるんですか？

遺族基礎年金は、妻と子どもひとりの場合は、
年額105万800円（2024年度）。
お子さんがひとり増えるごとに、
増額します。
こうした金額が、
お子さんが18歳になる年度末（3月31日）まで
年金として支払われるのです。

遺族厚生年金の支給額は
どれくらいなんですか？

こちらは、ご主人のお給料によって決まってくるので、
人それぞれで金額は異なります。
支給される金額については、
インターネットで調べることもできるし、
私のようなファイナンシャル・プランナーに相談すれば、
より正確な数字を知ることができます。

その「遺族厚生年金」と
「遺族基礎年金」を足したものが、
うちの場合、「遺族年金」として
支払われるんですね。

彩さんのご家庭は
会社員だからそうなるわね。
自営業のご家庭であれば、
「遺族基礎年金」の支給だけとなります。

なるほど。
その遺族年金を、
先ほどの「必要なお金」から差し引いたものが、
わが家が保険金として準備する金額ですね。

保険金として 準備するお金	＝	必要なお金 （生活費＋教育費）	－	遺族年金

「生命保険の賢いかけ方とかあるんですか?」

2

生命保険は、子どもの成長を軸に組み立てる

生命保険のニーズのピークは、子育て期間中。
教育費がかかる時期は保障を厚く!

💎 子どもの成長に合わせて、保険内容を見直す

さて、いま彩さんに計算してもらった
「保険金として準備する金額」は、
現時点での金額になります。

それって、
どういう意味ですか?

さっきの計算式(P159)で
「22歳」から「末子の年齢」を
引いたでしょう。
お子さんが成長するにつれてその数字も減っていくので、
おのずと「必要な生活費」も少なくなるわけ。

ということは、**子どもが成長するにつれて、保険で準備するお金を少なくしていける**ってことですか?

そうなりますね。
その分、月々に支払う保険料を減らしていけます。

だからこそ、生命保険って
定期的な見直しが必要なんですね。

生命保険の賢いかけ方を一言で言うならば、
お子さんの教育費がかかる時期には保障を厚くし、
そのピークが過ぎたら、どんどん保障を薄くするって
やり方です。

◆ **生命保険の賢いかけ方**

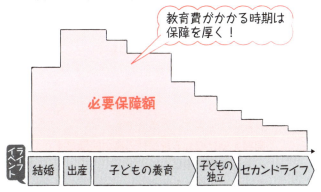

こうした形になるように、
定期保険や終身保険を上手に組み合わせたり、
必要保障額にマッチしやすい
「収入保障保険」などを利用していくんです。

ルーシー先生、じつは私、
そもそも「定期保険」や「終身保険」といったものの区別も、
よくわからないんですよ。教えていただけますか？

保険の仕組みって意外とシンプルかも

💎 生命保険の３つの基本形を知る

わかりました。生命保険の基本形といわれるのは、「定期保険」「養老保険」「終身保険」の３つです。

◆生命保険の３つの基本型

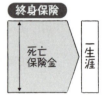

「定期」と「養老」は期間限定で、「終身」は一生涯保障がつづくんですね。

養老保険は、万一、亡くなった場合でも満期まで生きていた場合でも、同額を受け取れる貯蓄性の高い保険です。
一方、定期保険は、あらかじめ保険期間が定められたもので、多くは掛け捨て型になります。

じゃあ、ルーシー先生。
必要なときに保障を厚くする場合、こうした保険をどう組み合わせていけばいいんですか？

たとえば、
「定期保険」の保障額を厚くする方法があります。

それを上手に
組み合わせて
いきましょう

なるほど。じゃあ、最初は
定期保険の保障額を厚くしておいて
子どもの成長に合わせて、
保障額を薄くしていけばいいんですね。

先ほど話した「収入保障保険」は、
最初からそうしたつくりになっている保険です。
この図のように
保障額が段階的に減っていくんです。

◆収入保障保険のイメージ

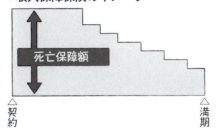

本当だ。
最初からこういう形になっているんですね。

そして、保障額がだんだんと減っていく分、
保障額の変動しない定期保険より
保険料が安くなります。

それはとっても
家計にやさしい保険ですね。

167

病院なんて
めったに
行かなくて

3

アラフォー世代は、「病気」への備えは外せない!

「病気」は決して他人ごとではない。
とくに年齢を重ねるごとにそのリスクは高くなる。

💎 ふたりにひとりががんになる時代

さて、いままでお話ししたのは、
「死亡」という万一への備え。彩さんのお宅では、
もうひとつしっかりと備えておくべき
「万一」がありましたよね。

ありました。
「病気」ですね。

実際、「病気」というのは、決して遠い存在ではありません。
たとえば、現在の日本で、
一生のうちでがんにかかる割合は
どれくらいだと思います?

10人にひとりくらい?

いえいえ。なんとふたりにひとり!
日本人の半分は、
がんにかかる可能性があるってことです。

それは若いから！
そろそろ備えも
必要よ

もっと言えば、年齢を重ねるごとにがんにかかる確率は高くなります。下の表を見てください。

◆ 年代で見た死因のトップ3

	1位	2位	3位
20代	自殺	不慮の事故	がん
30代	自殺	がん	心疾患
40代	がん	自殺	心疾患
50代	がん	心疾患	自殺・脳血管疾患
60代	がん	心疾患	脳血管疾患
70代	がん	心疾患	脳血管疾患
80代	がん	心疾患	老衰
90代	老衰	心疾患	がん
100	老衰	心疾患	肺炎

（厚生労働省「人口動態統計」2023年）

40代以降、
死因のトップはつねにがん!?

心配なのは、がんだけではありません。
50代半ばをすぎると、
がんと心疾患、脳血管疾患が上位3位を占めます。
心疾患には、狭心症や心筋梗塞、
脳血管疾患には脳梗塞や脳出血などが入ります。

いざ病気になってしまったら、
治療費ってどれくらいかかるんだろう……。

治療費って想像もつかない!

下の表が、主な病気にかかる医療費のデータです。

◆ 主な病気の医療費

疾患名	在院日数	医療費	1日あたりの医療費
胃がん	15.9日	99万4478円	7万9063円
結腸がん	12.3日	90万6668円	8万4067円
肺がん	12.4日	89万2949円	11万2011円
乳がん	8.9日	76万5809円	10万9392円
急性心筋梗塞	15.1日	191万3606円	19万2388円
脳梗塞	33.4日	167万1920円	6万6874円
脳出血	43.6日	237万7259円	7万7596円
糖尿病	20.1日	76万8892円	4万7335円
狭心症	4.6日	73万7107円	18万9285円

(出典:全日本病院協会)

※公益社団法人全日本病院協会「診療アウトカム評価事業2023年度」医療費(重症度別)および平均在院日数(疾患別)より作表。いずれも「急性期」の数値で作成。

♥ 治療費の負担を軽減してくれる「高額療養費制度」

こうした医療費は、全額自分で払う必要はないんですよ。
だって、病院での医療費は、原則として3割負担でOKでしょう。さらに、一定の金額を超えると、
「高額療養費制度」といって、
その超えた部分を払い戻してくれる制度があります。
これは、健康保険に加入していれば受けられます。

「一定の金額」ってどれくらいなんですか?

 70歳未満の人の場合なら、1カ月あたりの自己負担額はこういう計算になります。

◆【医療費の1カ月あたりの自己負担限度額】
（70歳未満の場合）

〜年収約370万円 （月収26万円以下）	5万7600円 〈4カ月目から4万4400円〉
年収約370万円〜 約770万円（月収 28〜50万円以上）	8万100円＋（総医療費－26万7000円）×1％ 〈4カ月目から4万4400円〉
年収約770万円〜 約1,160万円 （月収53万円以上）	16万7400円＋（総医療費－55万8000円）×1％ 〈4カ月目から9万3000円〉
年収約1,160万円〜 （月収83万円以上）	25万2600円＋（総医療費－84万2000円）×1％ 〈4カ月目から14万0100円〉
市町村非課税者	3万5400円〈4カ月目から2万4600円〉

※直近12カ月に3回以上、高額療養費の支給を受けている場合は、〈 〉内の金額となる。　　　　　（2025年4月現在）

 この計算でいくと、一般的な所得の人の自己負担額上限は1カ月あたり9万円ちょっとになりますね。

 何十万とかじゃないんですね。とはいっても、月9万円の医療費負担って決して楽ではないですよね。

 しかも、入院期間は1カ月でも自己負担限度額の設定は暦月で見るので、月をまたぐと2カ月間の入院扱いとなり、その分、自己負担の金額も増えてしまうわけ。
そこで、検討したいのが、「医療保険」なんです。

いまの医学で
治せるものは
治したい！

4

「かけててよかった！」の医療保険の選び方とは？

**医療は日進月歩。
「医療保険」も時代に合ったものを選ぶ。**

◆「先進医療」をどこまで保障してくれるか？

医療保険って、さまざまなものが出ていますが、
選ぶ際のポイントには、2つあります。
まずひとつが、「先進医療」に対応したものです。

「先進医療」？
何ですか、それ？

これは、厚生労働大臣によって認められた、
高度な医療技術を必要とする治療や手術の総称です。
現在、74種類が先進医療として
設定されています（2025年1月1日現在）。
たとえば、がんに関してだったら、
次のようなものがあります。

◆ 先進医療の治療費の例

固形がんに対する重粒子線治療	約313万円
悪性腫瘍の陽子線治療	約266万円
抗悪性腫瘍剤治療における薬剤耐性遺伝子検査	約3.7万円

（公益財団法人生命保険文化センターの資料より）

そのためには
備えが必要よ

こんなにするんですか？
半端なく高いものも多いですね。

そうなんです。
効果の認められた画期的な医療技術が
数多くあるのだけど、なにせ費用が高い。
そこがネックなんですよね。
しかも、先進医療は高額療養費制度の適用外。

つまり、
自己負担ってことですか？

ええ。しかも全額。
なので、「お金がないから受けられない」ってことも
よくあるんですよ。
そうした事態を避けるためにも、
医療保険では、
「先進医療」をしっかりカバーしておきたいですよね。

「先進医療」ですね。
もうひとつの選ぶポイントは？

もうひとつは、
「手術や退院後の保障もしっかりしているか」です。
たとえば、風邪などは、治れば元の生活に戻れるけど、
がんなどの大きな病気の場合はそうもいきません。
継続的な治療が必要なケースがほとんどです。

いいお医者さん
との出会いも
大切ですね

医療費の負担が、
結構長くつづいてしまうわけですね。

さらに、医療費以外の負担も発生します。
たとえば、抗がん剤治療の場合、髪の毛が抜け落ちることがあります。となると、カツラが必要になる。
こうしたカツラっていくらくらいだと思います？

えっと、
2、3万円ですか？

そういうのもあるけど、
高いものだと30万円くらいします。
そのほか、乳がんや子宮がんの手術のあと、
リンパ浮腫といって足がむくんでしまうことがありますが、それを防ぐストッキングには1足2～3万円のものもあります。

◆ 退院後にかかる費用

そうしたルートを
持つのも
備えのひとつ

こんな出費もあるんですか？
想像したこともなかった。

一方で、大きな病気の場合、
収入が減る場合も多々ありますよね。
ある調査では、がん患者の6割近くが
「収入が減少した」と回答しています。
また別の調査では、約6割の人が
**健康なときより収入が7割以下に、
そのうち半数に当たる人では5割以下に減収**
というデータもあります。

支出は増えるにもかかわらず、収入は5割以下……。
家計にとってはダブルパンチですね。

だからこそ、「治療中の収入」を保障してくれる
内容かどうかも重要になってくるのです。

そうしたものがあれば、
家計もいくらか助かりますもんね。

♦ 医療格差に備える「セカンドオピニオン」のサービス

いまは、医療保険に「セカンドオピニオン」や、
「24時間OKの医療相談」といったサービスが
ついている保険も一般的です。
こうしたサービスもあると、心強いですよね。

昔以上に
医療って日進
月歩ですね

「セカンドオピニオン」って、
診察してもらったときとは別のお医者さんからも
意見を聞くというものですよね。
医療保険に、そうしたサービスもついているんですか？
便利〜！

健康で病院に行かないときって気がつかないけど、
お医者さんや病院によって、
技量の差や治療法の違いってありますからね。
最近は地域による医療格差も広がっているし。

そういえば、うちの母がそんなことを言っていました。
めまいで通院していたとき、
A先生のところではまったく改善が見られなかったのに、
B先生に代えた途端、すっかりよくなったって。
それを聞いたとき、どの先生に当たるかで
そんな差が出るんだとこわくなりました。

だからこそ、**適切な医療情報を得られるかって、
とても大切**なんですよね。

となると、医療保険を選ぶ際には、
「先進医療」や「継続的な治療」「治療中の収入」
といったものへの保障が充実していることのほかに、
いまおっしゃったようなサービスが
ついているかどうかも、
チェックする必要がありますね。

実態に合った
医療保険に
したいわね

◆ 医療保険の見きわめポイント

先進医療給付

継続的な
治療への備え
（一生涯）

セカンドオピニオン
24時間電話相談
など付帯サービス

💎 定期的な見直しで、いまの医療に合った保障内容に

医療って日進月歩でしょう。なので、医療保険は
「一度決めたら、それで安心！」ではなくて、
マメにチェックするといいと思います。
でないと、その時々の医療の実態と
合わなくなっている可能性があるから。
たとえば、かつては「入院保障」が大事でしたけれど、
いまは、「日帰り入院」のように
「入院」の日数って短くなっています。

そんなこともあるんですか！

最も肝心なのは、保険が必要になるのは
老後が多いということです。
ですから、保障がいつまであるのかが一番大事。
自分の加入している医療保険の内容を、
定期的にチェックして、いまの医療の実態に
合ったものにしていくってことが大切なの。

5 「ライフプラン」でわが家の リスクをチェック!

わが家の
リスク探しを
しなくちゃ!

人生の「リスク」は、どんなところにあるのか?
ライフプランをつくって、しっかり洗い出しを。

💎 20年後にわが家に起こりそうなリスクとは?

生命保険や医療保険を見直す際に、
ぜひ行なってほしいことをお話ししますね。
それは、家族の「ライフプラン」をつくるってことです。
10年後、20年後、
家族それぞれに起こり得ることを
書き込んでいきます。
たとえば、彩さんのお宅だったら、
こんな感じかしら。

◆ 藤原家のライフプランは?

| 夫 | 30代 | 40代 | 50代 | 60代 退職 |

| 子 | 幼稚園 | 小学生 | 中学生 | 高校生 | 大学生 | 就職 | 独立 | 結婚 |

| 私 | 20代 | 30代 | 40代 | 50代 | 60代 |

これはわかりやすいですね。
うちの子が大学に入るころは、私たちも40代後半か〜。

ライフプランが
あると見つけ
やすいわよ

こうやって先々まで見通しておくと、
今後、どういうリスクがあるのか
イメージがしやすくなるでしょう。
たとえば、30代後半で住宅を購入された場合、
住宅ローンと教育費の出費が重なる、とかね。

面白い！
ライフプランと照らし合わせると、
どれくらいの時期に出費が多くなるのかが
一目瞭然ですね！！

それがライフプランのメリットです。
こうして**リスクが見えていれば、
それに向けて前もって備えていける**でしょう。

はい。さっそくわが家でもつくってみます！！
で、今日うかがったお話を参考に、
生命保険や医療保険を検討しなくちゃ！

保険の内容について、
わからないところなどがあったら、
また相談に来てくださいね。
もし都合がつけば、ご主人も
ご一緒されるといいかもしれませんね。

そうですね。声をかけてみます。
今日は、ありがとうございました！

ルーシー先生のひとり言 ⑥

医療情報のサービス

医療保険で、「いい医者」「いい治療」に出会う！

情報収集をアウトソーシングできる

　万一、大きな病気にかかってしまったら、なんとしても「いいお医者さん」や、「いい治療法」に出会いたいと思いますよね。

　ただ、インターネットや書籍などから探し出すのは決して簡単ではありません。まわりの評判を知るにも限界があります。

　そんな場合に活用したいのが、保険会社の医療情報提供サービスです。医師や医療機関と連携し、利用者のニーズに合わせた選択肢を提案してくれます。

　提供される主なサービスには、次のようなものがあります。

- セカンドオピニオン
- 電話での 24 時間・健康相談
- 医療関連情報の提供

必要に応じて、紹介状まで作成してくれる

　なかには、日本を代表する名医からセカンドオピニオンをもらえるサービスを提供しているところもあります。そこでは、必要に応じて、専門医への紹介状も作成してもらえます。

　このようなサービスが受けられることで、よりいいお医者さんや治療法に出会える確率が高くなります。同じことを個人でやろうとしても、簡単にはできませんからね。その意味でも、こうした組織を活用することは非常に有用だと思います。

　最近の医療保険には、こうした組織と提携し、「医療情報」のサービスをつけているものが多数あります。Chapter 6 でも述べましたが、どういう組織と提携しているかは、医療保険を選ぶ際のひとつのポイントになるのではないでしょうか。

180　Chapter 6　やっぱり「備えあれば、憂いなし」

Chapter 7

大切な資産を目減りさせない「運用」の極意

大切なお金を、銀行に眠らせていませんか？
これからの時代は、「預けっぱなし」がリスクになります！

資産運用

7組目の相談者 吉沢京子さんの場合……

「資産運用」を、初歩から教えてもらいたくって……

ある程度お金が貯まったら、今度はそれを目減りさせないこと。吉沢さんは資産運用をスタートすべく、ルーシー先生に教えを乞います。

※預金者保護法のひとつで、金融機関が破綻した場合、預金保険機構が破綻した金融機関に代わって一定額まで払い戻しをすること。現行制度では、1金融機関につき預金者1人あたり元本1000万円までとその利息は全額保護される。

充分な貯金が
あるから安心

「何もしない」には、目減りリスクあり!

資産の目減りリスクを回避するには、
「運用」という発想が必要になる。

💎 インフレが進めば、せっかく貯めたお金も……

まず、
インフレというのはご存知ですか?

えっと……、
物価がどんどん上昇していく状況ですよね。

その通りです。
そして、物価が上昇すると、
相対的にお金の「価値」は下がっていきます。

◆インフレになると……

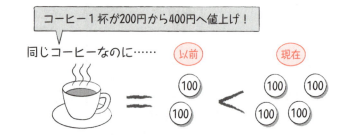

コーヒー1杯が200円から400円へ値上げ!

預貯金だけ
だとインフレに
弱いんです

同じモノを買うのにも、インフレになると、
よりたくさんの「お金」が必要になるんですね。

そういうことです。
このことを、吉沢さんの預貯金で考えてみましょう。
たとえば、ブランドのバッグを買うために
100万円を銀行口座で積み立てることにしました。
2年近くかけてようやく貯まり、
さっそく買いに行くことにしました。
ところが、世の中ではインフレが進んでいて、
2年前は100万円だったのが130万円になっていました。

せっかく貯めても
買えないじゃないですか！

吉沢さんの持っている「100万円」の価値は、
2年前より下がってしまったのだから、
仕方ないですよね、残念ながら。

ルーシー先生が先ほどおっしゃった
「資産が目減りする」ってそういうことですね。
「これだけあればOK」と思っていても、
銀行に寝かせておけば、
老後に「足りない！」となりかねない。

そうなんです。こんな具合に、
預貯金というのはインフレになると、とても弱いのです。

資産運用って
難しそうです

最近、物価が上がっていますよね。
10年後、わが家がリタイア生活に入る頃には、
もっと物価が高くなっているかも……。
考えると不安です。その頃には、
貯金の価値が目減りしている可能性もありますよね？

そうですね。
インフレが進むと、いまの預貯金だけでは
将来の生活費をまかなうのが難しくなるかもしれません。
特に金利が低いままだと、
預貯金の価値は時間とともに
目減りしてしまう可能性があります。

それを防ぐために、
何か対策をしたほうがいいですよね。
でも、何をしたらいいのでしょう？

◆ 基本がわかれば、「金融商品」も怖くない！

まず大切なのは、
「お金をすべて預貯金だけに頼る」
という状況から抜け出すことです。
そのためには、資産を預貯金以外にも分散して
「運用する」ことを検討してみましょう。

運用って言葉を聞くと、
なんだか難しそうに思えてしまいます。

じつは、そうでもないんです

そんなに難しく考える必要はありません。
預貯金だけでなく、
「株」や「債券」「外貨」など
いくつかの運用方法を組み合わせて
バランスよく資産を持つようにするのがポイントです。
このように、
さまざまな金融商品を組み合わせて
資産を持つことを、
「ポートフォリオを組む」といいます。

◆ポートフォリオとは？

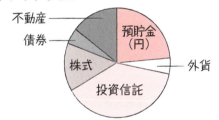

いろいろな方法があるんですね。
でも、これら全部をやるのは無理そうです……。
どれかひとつに絞ったほうがいいですか？

全部をやる必要はありませんよ。
大切なのは、
いくつかを組み合わせてバランスよく資産を持つことです。

なるほど！　ポートフォリオを組むように
意識することが大事なんですね。

「投資」とかって興味はあるんですけどね……

このように金融商品を
いくつか組み合わせておけば、
いざインフレという局面が来たときにも、
資産が減っていくのを
抑えることができるわけです。

実際、金融機関の方からも、
いろいろな商品を勧められているんですよね。
外貨預金とか投資信託とか。
銀行だけに預けておくよりずっと良さそうと思いつつ、
行動に移せないんですよ。

あら、
それはどうしてですか？

なにしろ私、金融に関する知識は皆無で、
商品の説明をうかがっても
チンプンカンプンなんですよ。
勉強しようと思いつつ、
時間がなくってやらずじまいで。

よくわからないものに、
「大切な財産」を預けられないですからね。
でも、吉沢さんもたぶんお気づきのように、
「知識」があれば、
そうした金融商品へもアクセスが
しやすくなりますよね。

まずは「行動」です

そうなんですよ。
「知識」があれば、即「やってみよう！」って
気持ちになれるんですが。

では、この機会に金融の「知識」を
増やしていきましょう。
私がお手伝いします。
実際に「運用」に取り組んでみると、
「こんなに簡単なことだったの！」と
ビックリするかもしれませんよ

ぜひともそういう状態に
なってみたいものです。

ええ。でも「知識」といっても、
最初から、詳しくなる必要はなく、
基本的な部分を押さえておけば大丈夫です！
あとは、実践しながら、
より深く勉強していくって感じですね。

では、先生。
今日は、こんな私が
最初の一歩が踏み出せる程度の、
「基本」を教えてください！

わかりました。
じゃあ、さっそくはじめましょう。

外貨って海外旅行だけのものかと……

2

外貨を持つことが資産防衛になる!

外貨の魅力は、高金利だけではない。
グローバル化のなか、資産を守ることができる。

◆ これからは「円だけ」ではリスクになる

まず、吉沢さんご自身が、
いまとくに興味がある金融商品から見ていきましょう。
どんなものがありますか?

最近、勧められて興味を持ったのが「外貨」です。
いまの日本の低金利を見ると、
海外の高金利の通貨で預けたほうが
はるかに得だなと思うんですよね。
実際、どうなんでしょうか?

ご家庭の資産の何割かを「外貨」で持つということは、
ぜひ私もお勧めしたいですね。
金利としても魅力的だし、
あともうひとつ、ご家庭の資産を守る上で、
日本円以外の通貨を持つのは、とても有用です。

ドルやユーロ、豪ドルなど、
いろいろな通貨を持っておいたほうが
いいってことですか?

いまのようにグローバル化が進んでくると、
「円」だけの資産では
リスクが高くなってしまうんです。

「財政破綻の危機!」とか、
最近、よく聞きますものね。
海外では、そうしたことは
実際に起こっているようですし。

日本にだって、万一、起こらないとも限りません。
そうなったとき、日本円だけでは、
非常に心もとない。
それを回避するために、
日本円以外に、ドル、ユーロなど、
数種類の通貨を
バランスよく持つことが大切なのです。

◆ **通貨も分散する**

それなら、どこかの国がおかしくなっても、
別の国の通貨でなんとか補えそうですものね。

円安や円高ってややこしいですね

その一方で、「外貨」には
注意すべきことがあります。
それは「為替のリスク」です。

為替のリスクってことは、
「円高」や「円安」などですか？
どちらかになると、
預貯金が目減りしてしまうとか？

その通りです。
ここで簡単に
「円安」と「円高」について説明しますね。

💎 外貨預金で利益が出るのは、「円安」か「円高」か？

たとえば、マクドナルドのビッグマックが
アメリカで3ドルで売られているとしましょう。
1ドル＝100円ならば、300円で買えます。
では、その後、1ドル＝150円になったとき、
そのビッグマックを買うのに、
日本円でいくら必要でしょうか？

1ドル＝150円だから、450円ですね。
ということは、
以前は300円で買えたものが、
450円出さないと買えないってわけですね。
つまり、よりたくさんの「円」が必要になる。

同じものを買うのにより多くの「円」が必要ということは、ドルに対する円の価値は下がったといえますね。
つまり、ドルに対して「円安」になった。

◆円安とは？

たとえば、
1ドル100円としてわかりやすく説明すると……

逆に1ドル＝80円になった場合は、
ドルに対して「円高」になった、となるんですね。

ええ。同じものが、より少ない円で買えるのですからね。
つまり、それだけドルに対する
円の価値が上がったということです。

◆円高とは？

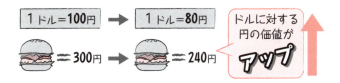

為替差損は
避けたいわ〜

最初の吉沢さんの質問に戻りましょう。
外貨預金で損失が出るのは、円高と円安、
どちらでしょうか？

「円高」のときじゃないかしら。
たとえば、100ドル預けていた場合、
円高で1ドル＝100円から80円になったときに
日本円に換金したら1万円が8000円になり、
2000円のマイナスですもの。

その通りです。それを「為替差損」といいます。
逆に、1ドル＝120円になれば、1万2000円になって、
2000円のプラスになりますよね。
これを「為替差益」といいます。

◆ 為替差益と為替差損

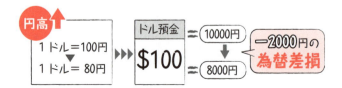

通貨を分散
するのが大切です

外貨って、日本円に換金するときに、
円高・円安の影響を受けてしまうんですね。

いくら金利が高くても、為替差損が出てしまえば、
結局、資産が目減りしてしまいます。
なので、**外貨を扱う場合には、
為替の動きをしっかりと見ておく必要があります。**

預けっぱなしで
安心しきっちゃいけないんですね。

といっても神経質になる必要はありませんよ。
そうした為替のリスクを減らすために
いくつかの通貨に「分散」すればいいのです。
これは、ひとつの重要なポイントです。

わかりました。
いまのお話で、「外貨」の活用の仕方が
だいぶ見えてきた感じです。
思っていたほどハードルの高いものではないんですね。
私でもできそうです。

同じように、「株」や「債券」といったものも、
その基本的な特徴がわかれば、
決して「私には無理！」ってものでは
なくなると思います。
そのあたりについても見ていきましょうか。

債券って そもそも 何ですか？

3

債券は、リターンはほどほど、リスクは低め

債券は借金の「借用書」。
いずれ利息つきで返してもらえる。

◆「利息」分が、利益になる

じゃあ、まず「債券」から見ていきましょうか。
「債券」とは、簡単にいえば「借用書」です。
国や地方自治体、会社などが
お金を貸してくれた相手に対して発行するもの。

つまり、「国債」を買うってことは、
国にお金を貸してあげるってことになるんですか？

そう。「地方債」は地方自治体に、
「社債」は会社に、お金を貸してあげることになります。

お金を貸すってことは、
いずれ返してもらえるってことですね。

基本的にはそうです。
返すことを借主が保証しています。
そして、お金を貸してあげるんだから、
利息ももらえます。
その利息分が吉沢さんの利益になるわけです。

◆ 債券を購入すると……
債券価格100万円・利率2％、満期5年の債券を購入すると……

貸したお金は戻ってきて、しかも利息までつく。
外貨預金の為替差損みたいなリスクはなさそうですね。

💎 リスクは低いが、ゼロではない！

でも、債券はリスクゼロというわけではないんですよ。
たとえば借りた人が自己破産してしまえば、
借金の回収は難しくなるでしょう。

つまり、国や地方自治体などが
つぶれてしまったときには、戻ってこなくなる。

そうした状況を「デフォルト（債務不履行）」といいますが、
決して可能性はゼロではありません。

債券を購入するときには、
ちゃんとお金を返してくれるか
見極めることが大事なんですね。

債券なら
私も取り組み
やすいかも

💎 債券を途中で売却するなら、金利の動向に注目！

債券は、満期まで持つだけでなく、
途中で売却することもできるんですよ。

途中で売ってしまっても、
債券の利益って得られるんですか？

タイミングさえ適切だったら、大丈夫です。
途中で売る場合、
最初に買った金額とは異なる
「債券価格」というもので売買されます。
その価格が買ったときより上がっていれば、
利益が得られるでしょう。

安く買って、高く売る。
なんだか株みたいですね。

「債券価格」は、
「金利」の動向と面白い関係があります。
**金利が下がれば債券価格が上がり、
金利が上がれば債券価格が下がるという、
逆の相関関係になるんです。**
この関係でいけば、
買ったときより金利が下がっているときが、
売却のチャンスとなります。
債券価格がアップしている可能性大ですからね。

思ったら まず「行動」 ですよ

逆に、金利が上がってきたら、
満期まで持っていたほうがいいということになります。

◆ 金利と債券価格の関係

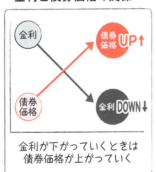

金利が下がっていくときは
債券価格が上がっていく

金利が上がっていくときは
債券価格が下がっていく

金利の動きをよく観察しておくと、
債券の売りどきをつかめるってわけですね。
「債券」ってさほどややこしいものではないんですね。
運用ビギナーの私でも挑戦できそう。
でも、「株」は、そうもいかないんでしょうね～。
どうなんでしょう、先生。

おっしゃる通り、
「株」はなかなか手ごわいですよね。
つねに株価は変動していて、
先がなかなか読めませんから。
「優良企業」と言われる会社でも、何らかのきっかけで
株価がググンと下がるときもありますし。
じゃあ、次は株を見ていきましょう。

「株主優待に
興味が
あります」

「投資信託」という形で「株」を持つ

個人が運用するには手ごわい相手の「株」。
「投資信託」の形で投資するのがお勧め。

♦ 「安いときに買って、高くなったら売る」が基本

そもそも「株」って
どういう仕組みなんですか？

「株」とは株式会社が発行する「株券」のことです。
この「株券」を買ってもらって
会社は資金を調達しています。
一方、株券を買った人は「株主」といって、
「出資者」のひとりになれます。

「株主」になると
「株主優待」とか
いろいろメリットがあるそうですね。
食事券や缶詰セットなどをもらえたりとか……。

それも株式投資の楽しみですよね。
それ目当てで株を買う人もいますからね。
そのほか、その会社の業績がよければ、
年に1、2回の「配当金」がもらえたりもします。

200　Chapter 7　大切な資産を目減りさせない「運用」の極意

株にはそうした
楽しみ方も
あります

株を持っていると、そんな恩恵が受けられるんですね。
それだけでも楽しそう！

それに、業績がいいときは一般的に株価も上がりますから、
買ったときよりも株価が
上がっている可能性もあります。
そのタイミングで売れば、
その差額分が利益となります。

「安いときに買って、高くなったら売る」
それで利益を得るってわけですね。

◆ 株を買うタイミングは？

それが理想的な株の運用の仕方ですよね。
でも、そう思い通りにはいかないのが、
株の運用の難しさなんです。
株価はつねにアップダウンしていて、
次の瞬間に何が起こるかわかりません。
結局、リターンも大きいけど、リスクも大きいんです。

投資信託ってリスクが少ないんですか？

そうしたリスクを回避するには、
投資をする会社をよく研究するに限りますかね？

でも、それだけでも読めないところはあります。
プロだってそうなのですから、
個人の方が直接、
株に投資するのはあまりお勧めしませんね。

運用ビギナーの私なんて「とてもとても」ですね。
「株」の大きなリターンはとても魅力的ですけど、
リスクが大きいのは、ちょっと……ですから。

そうですよね。
でもね、吉沢さんの資産のなかに
「株」を組み込んでいく方法もあるんですよ。

自分で直接運用せずに、「株」を持てるんですか？
それはどんな方法なんです？

「投資信託」という金融商品を
活用するのです。

💎 投資信託という形なら、「株」の運用を味わえる

投資信託ですね。
これも金融機関の方からよく勧められて、
興味があるんですよ。

それは種類にもよります

投資信託のメリットのひとつは、
運用をプロに任せられるってことです。
また、プロだからこそ、個人ではアクセスしにくい
国や会社などにも投資できますしね。
たとえば、ブラジルやベトナムなどの新興国で、
これから伸びそうな会社に投資をしたくても、
個人では難しいでしょう。
投資信託なら、そうしたところへの投資も可能です。

面白そう。新興国ってリスクも高いけど、
その分、リターンも大きいって聞いたことがあります。
プロにお任せできるのならば、ある程度は安心ですし。

それと、それぞれの投資信託には
「テーマ」があります。
たとえば、ハイテク企業にのみ投資するものもあれば、
将来成長しそうな会社にのみ投資するものもあります。

いろいろあるんですね。
じゃあ、自分に合った「テーマ」の投資信託を
選んでいけばいいのかしら。

そうです。
そして、どんな「テーマ」であれ、共通しているのは、
「分散投資」をしているってこと。
私はこの「分散投資」こそが、
「投資信託」の最大のメリットだと考えています。

5

「異なる動きの組み合わせ」が分散投資のコツ

同じ動きをするものの組み合わせでは、分散投資の効果が激減する！

株や債券の動きには特定のパターンがある

分散投資で大切なのは、
異なる動きをするものを組み合わせることです。
だって同じ動きのものばかりを組み合わせたら、
「分散」してることになりませんから。

分散投資のメリットが生かされないんですね。
でも、「これとこれは異なる動きをする」
ってどうしたらわかるんですか？

それぞれの金融商品の動き方の基本を知っていれば、
ある程度つかめます。
そうした基本のうち、まずビギナーの段階で
知っておいていただきたいのは、
「株」は、「債券」とは逆の動きをする
ということです。

株価が上がっているときには、債券の価格は下がり、
株価が下がっているときには、債券の価格は上がる
ということですか？

ええ。下のグラフを見比べてください。
上が日経平均株価の、下が債券価格の推移です。
逆に動いているのがわかりますね。

◆日経平均株価（月末値）の推移

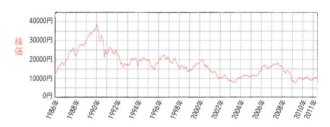

◆債券価格の推移（長期国債先物中心限月の価格）

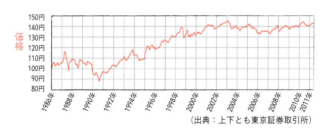

（出典：上下とも東京証券取引所）

インフレやデフレも株や債券の動きに影響します。
「株」は、インフレになるとその価値を上げ、
「債券」は、デフレのときに価値が上がります。

逆に、株価はデフレのときには下がる傾向があって、
債券は、インフレになると価値が下がるんですね。
ということは、債券と株が組み込まれた
投資信託を選ぶと安心ですね。

投資信託なら
株にも債券にも
トライできる

それは、「資産を守る」という点で、
効果的な組み合わせだと思います。
「資産を増やす」ということをもっと考えたいなら、
よりリスクは高くてもリターンの大きい国内外の株や、
外国の債券などを組み合わせるといいでしょう。

◆ 金融商品のリスクとリターン

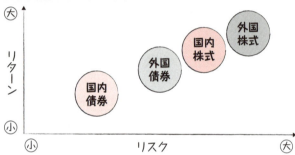

💎 分散投資で資産を守り、かつ増やす

分散投資は、「資産を守る」だけでなく
「資産を増やす」効果もあるんですね。

投資信託には、
日本の株式が組み込まれているもの、
外国の株や不動産が組み込まれているもの、
日本の債券や外国の債券が組み込まれているもの、
などがあります。
それぞれによってリスクとリターンの度合いは異なります。

株や外国の債券が組み込まれていると
やはりリスクも高くなるんですよね。

そうです。でも、その分、
高いリターンも期待できます。
ある程度のリスクをとることによって、
リターンを上げることができますからね。

わかりました。
でも、投資信託の商品って
本当にたくさんありますよね。
ルーシー先生から先ほど、
「テーマ」で選ぶ方法を教えていただきましたけど、
私、自分で選べるかしら……。

最初は、私のような投資の専門家に相談するのも
ひとつの方法です。
吉沢さんに適した商品を
アドバイスしますよ。

◆ 投資信託を活用した年金もある

ところで、分散投資できるものって、
投資信託以外にもあるんですか？

「変額年金保険」がありますね。
これは投資信託を利用した年金保険の商品です。

207

運用って楽しそう！
さっそく
はじめたいわ！

投資信託で運用しながら年金の準備ができる保険って、
よさそうですね。
私でも、入れるのですか？

大丈夫ですよ。変額年金保険には、
積立型と一時払いのものがあります。
吉沢さんのように資産がすべて銀行預金という方は
いろいろな金融資産を組み合わせたポートフォリオを
つくるのに活用してみてはいかがですか？

同じ投資信託でも、こちらは「老後の資金づくり」という
明確な目標があって、私などははじめやすそうですね。

そうかもしれませんね。
ただし、投資信託には
元本保証はありませんから
それだけは、きちんと肝に銘じてくださいね。
どうですか？ 「運用」へのハードルは低くなりましたか？

もちろんです！ 先生のお話をうかがっているうちに、
「やってみたい！」って気持ちになってきました。

じゃあ、次の機会に、どういう金融商品を利用していくか
具体的に見ていきましょう。

ぜひ、お願いします。
今日は、本当にありがとうございました。

72の法則

あなたの預貯金が 2倍になるのは720年後？

お金を2倍にする「72の法則」

「金利」はお金を増やす上で、頼りになる「味方」です。

でも、P90でも述べましたが、それには条件がありましたよね。それなりに「高い金利」であること。低すぎる金利では、あまり頼りにならないのです。

みなさんは「72の法則」を知っていますか？

これは、複利（P114）でお金を運用した場合に、そのお金を2倍にするのに、どれくらいの期間、あるいはどれくらいの金利が必要かを簡単に算出できる法則です。

「金利(%)×年数＝72」という計算式を用います。

「金利」の違いが大きな差を生む

これに数字を当てはめていくと、元本100万円を、年1％の金利で運用すると、それを2倍の200万円にするには、72年かかります。

金利の数字をいろいろ変えてみるとこんな感じです。

◆その金利でお金が2倍になるのは？

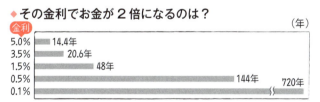

(年)

金利	
5.0%	14.4年
3.5%	20.6年
1.5%	48年
0.5%	144年
0.1%	720年

銀行の定期預金の金利はだいたい0.1％前後。

つまり、2倍にするのに720年もかかってしまうのです。

お金を運用する際に、「金利の高さ」がいかに重要か、納得いただけたのではないでしょうか。

＊＊＊＊＊＊＊＊＊＊ 7組の人たちのその後の物語 ＊＊＊＊＊＊＊＊＊＊

あれから数カ月後のルーシー先生のオフィス。
会社員の斎木なぎささんが、できあがった「ライフプラン」
をルーシー先生にチェックしてもらっています。

おわりに

自分の人生に、そして自分に「自信」を持つために、ライフプランをつくる

「なりたい自分」になる！

毎日をハッピーに生きるために大切なこと。

それは、自分の人生を「マネジメントしている」と実感できることだと思います。

マネジメント――つまり、「経営」。

会社や家庭だけでなく、

あなた自身の人生を「経営」していくのです。

「経営」というと、なんとなく難しく感じてしまうかもしれませんね。でも、「経営」でやるべきことは、

じつはとてもシンプルです。

「パーパス（目的）」と「ビジョン（理想像）」を明らかにして、「目標」を定め、それを達成するための「計画」をつくり、

「行動」し、「成果」を得る。

これが「経営」です。

これを人生に当てはめるならば……、

「なりたい自分」を定め、それを実現するステップとして「計画」し、「行動」し、「なりたい自分」へと着々と近づいていく。

「経営」とは、つきつめれば、「パーパス」と「ビジョン」に基づいて、「目標」「計画」「行動」の３つをしっかりとやっていくことだと思います。

どれかひとつが欠けても、「経営」はうまくいきません。
はっきりした目標がなければ、
具体的な計画は立てられないですよね。
計画が綿密でないと、何をすればいいかわかりません。
そして、きわめつけは行動です。行動しなければ、
成果はいつまでたっても出ないままです。

この本でお話ししてきた「ライフプラン」とは、
人生の経営で言ったら、「目標」の部分にあたる部分です。

自分の力を信じましょう

10年後、20年後、30年後の「なりたい自分」を、
これ以上ないくらいに鮮明にイメージし、
ついでにそれを紙に書いてみる。
これがライフプランでまずやるべき作業でしたね。

将来、「定年後は大好きな南の島で暮らしたい」という
ライフプランであれば、そこでの自分の1日を克明に語れ
るくらいに具体的にイメージしてみる。
すると、「いまの自分」には足りない部分が見えてきます。
それを埋めていくために「計画」が生まれ、
さらに「行動」へと促されていくのです。

そして、ライフプランを持ち、それを実現するための行
動に出はじめると、ある「変化」に気づきます。
それは、自分に「自信」が持てるようになること。

毎日、少しずつでも「目標」に向けての「行動」をつづけていくことで、人は確実に成長していきます。

　次第に自分でも、そのことが実感できるようになってきます。

　たとえば、「今日から、使ったお金を毎日メモする」と決める。それを1週間、2週間、1カ月……とつづけられたら、「私って、結構すごい！」と思えるようになりますよね。

　それが自信です。

「自信」とは、つまり、「自分を信じられること」。

　ライフプランをつくり、その実現に向けて行動しつづけることで、自分をどんどん信じていけるようになるのです。

　言ってみれば、自分の人生にもっと自信を持つために、ライフプランをつくるのです。

　この本は、それをお手伝いするためのものです。

「自信」は、「なりたい自分」を実現するための大きな力となります。「原動力」といってもいいかもしれません。

「いまの自分」や「将来の自分」に対してもっと自信が持てる状態になるために、ぜひ、この本を役立てていただければと思います。

　　　　「チーム★ライフプラン研究会」アドバイザー　幸本智彦

特　典

この本でご紹介したライフプランや
「私のお金」シート（P32〜34）を
みなさんも書いてみませんか？
ここではその書き方を解説します。

■ライフプランシートの書き方 …………………… P220〜221
■「私のお金」シートの書き方 …………………… P222

実際の記入は、
折込のライフプランシートや
「私のお金」シートを切り取り
必要に応じてコピーしてお使いください。

特典 1 ライフプランシートの書き方

ライフプランシートで、みなさんのライフプランを作成してみましょう。ここではその記入方法を解説します。

1 2054年までのあなたの「年齢」を記入します。

2 その下の「イベント」欄に、右の「ライフイベントの例」を参考にそれぞれの年齢で起こり得るライフイベントを記入します。

※現在、「配偶者」や「子ども」がいない場合でも、自分の「結婚」や「出産」の時期を設定し、それぞれのライフプランを作成してみましょう。

(「プラン」なので、自分の希望通りに書いて OK)

		2025	2026	2027	2028	2029	2030	2031	2032	2033	2034	2035	2036	2037	2038
私	年齢	30	31	32	33	34	35	36	37	38	39	40	41	42	43
	イベント		結婚		出産	退職		出産							
配偶者	年齢		32	33	34	35	36	37	38	39	40	41	42	43	44
	イベント														
子ども	年齢				0	1	2	3	4	5	6	7	8	9	10
	イベント								年少	年中	年長	小1	小2	小3	小4
子ども	年齢							0	1	2	3	4	5	6	7
	イベント											年少	年中	年長	小1
子ども	年齢														
	イベント														

ライフイベントの例

※「ライフイベント」の一例です。「31歳で結婚」など希望する年齢の下の「イベント」欄に記入していきましょう。

- ■就職
- ■転職
- ■独立開業
- ■転勤
- ■定年退職
- ■結婚

- ■出産
- ■車の購入・買い替え
- ■住宅購入
- ■旅行（国内・海外）
- ■海外への移住
- ■趣味のイベント

- ■幼稚園入園
- ■小学校入学
- ■中学校入学
- ■高校入学
- ■大学入学
- ■留学

2039	2040	2041	2042	2043	2044	2045	2046	2047	2048	2049	2050	2051	2052	2053	2054
44	45	46	47	48	49	50	51	52	53	54	55	56	57	58	59
45	46	47	48	49	50	51	52	53	54	55	56	57	58	59	60
11	12	13	14	15	16	17	18	19	20	21	22	23	24	25	26
小5	小6	中1	中2	中3	高1	高2	高3	大1	大2	大3	大4	就職			
8	9	10	11	12	13	14	15	16	17	18	19	20	21	22	23
小2	小3	小4	小5	小6	中1	中2	中3	高1	高2	高3	大1	大2	大3	大4	就職

ライフプランシートの書き方　221

特典2 「私のお金」シートの書き方

Chapter1で斎木さんが書いていた「私のお金」シートをみなさんも書いてみましょう。ここで簡単に、その記入方法を解説します。

収入

- 給与明細を見ながら、毎月、ならびに賞与（年間）の収入等を記入します。
- 配偶者がいる場合は、配偶者の分も記入しましょう。

	給与(毎月) 本　人	配偶者	賞与(年間) 本　人	配偶者
収入（額面）	23.1 万円	万円	60 万円	万円
△社会保険料＋所得・住民税	△4.1 万円	万円	△11.4 万円	万円
△社内貯蓄・財形貯蓄	△0.5 万円	万円	万円	万円
手取額	18.5 万円	万円	48.6 万円	万円

★手取年収： 270 万円 （額面年収： 337 万円）

※表中の「△」はマイナスの意味

支出

- 近々の1カ月分の支出を記入します。
- また、右の「臨時支出」の欄には、前回の賞与を何に使ったかを記入します。

	毎月の支出	臨時支出(賞与時)
基本生活費（水道光熱費、通信費、日用品費など）	2 万円	万円
食　費	3.5 万円	万円
住居費（家賃・ローン）	6.5 万円	万円
貯　蓄	1 万円	万円
保　険	万円	万円
習い事など	万円	万円
余暇費・交際費（買い物・旅行・飲み会・趣味など）	5 万円	20 万円
車関係費（ローン含む）	万円	万円
そ の 他	万円	万円
合　計	18 万円	20 万円

誰か教えて！
一生にかかるお金の話 改訂版

2025年4月2日　初版発行

監修／花田敬

編著／チーム★ライフプラン研究会

発行者／山下 直久

発行／株式会社KADOKAWA
〒102-8177　東京都千代田区富士見2-13-3
電話 0570-002-301（ナビダイヤル）

印刷所／TOPPANクロレ株式会社

製本所／TOPPANクロレ株式会社

本書の無断複製（コピー、スキャン、デジタル化等）並びに
無断複製物の譲渡及び配信は、著作権法上での例外を除き禁じられています。
また、本書を代行業者等の第三者に依頼して複製する行為は、
たとえ個人や家庭内での利用であっても一切認められておりません。

●お問い合わせ
https://www.kadokawa.co.jp/（「お問い合わせ」へお進みください）
※内容によっては、お答えできない場合があります。
※サポートは日本国内のみとさせていただきます。
※Japanese text only

定価はカバーに表示してあります。

©Takashi Hanada 2025　Printed in Japan
ISBN 978-4-04-607512-3　C0030

〔監修者紹介〕

花田 敬（はなだ たかし）

　チーム★ライフプラン研究会代表。イーエフピー株式会社代表取締役、（一社）法人クレジットカード相談士協会代理事。1996年にソニー生命保険から独立。以降、「金銭教育は社会貢献」をテーマに、マネーセミナー講師の育成に努め、多くの門下生を輩出している。また、2010年から2025年までの15年間、関東学園大学の非常勤講師として培った知識と経験を武器に、講師として活躍中。大手銀行、生命保険会社、損害保険会社、証券会社、大手住宅メーカーなど、幅広い企業のコンサルティングや社員研修、セミナー、講演活動を積極的に展開。著書も多数刊行し、業界内外で高い信頼を得ている。

〔編著者紹介〕

チーム★ライフプラン研究会

　全国のファイナンシャル・プランナーの有志が集い、ライフプランとマネープランの重要性を広く啓発・普及するために活動する研究会。各地で開催されるマネーセミナーにおいて、講師として実績を積みながら、未来の豊かな生活設計をサポートする取り組みを展開している。

HP：www.t-lifeplan.com

問合せ先：info1@e-fp.co.jp

幸本 智彦（こうもと ともひこ）

　チーム★ライフプラン研究会アドバイザー。いくつかの金融機関での要職を経て現在、外資系保険会社の代表取締役副社長兼チーフディストリビューションオフィサー。

〔STAFF〕

キャラクターイラスト／miya

本文マンガ＆イラスト／ヒラマツオ

本文レイアウト／菊池 祐、今住真由美（LILAC）

校正／鷗来堂

編集協力／宝田真由美

編集／伊藤甲介（KADOKAWA）

●ライフプランシート（いま〜30年間）●

		2025	2026	2027	2028	2029	2030	2031	2032	2033	2034	2035	2036	2037	2038	2039	2040	2041	2042	2043	2044	2045	2046	2047	2048	2049	2050	2051	2052	2053	2054
私	年齢																														
	イベント																														
配偶者	年齢																														
	イベント																														
子ども	年齢																														
	イベント																														
子ども	年齢																														
	イベント																														
子ども	年齢																														
	イベント																														

〈切り取り線〉

●「私のお金」シート●

【収入】

	給料（毎月）		賞与（年間）	
	本　人	配偶者	本　人	配偶者
収入（額面）	万円	万円	万円	万円
△社会保険料＋所得・住民税	万円	万円	万円	万円
△社内貯蓄	万円	万円	万円	万円
△財形貯蓄	万円	万円	万円	万円
△持ち株	万円	万円	万円	万円
手取額	万円	万円	万円	万円

★手取年収：　　　　万円（額面年収：　　　　万円）

【支出】

	毎月の支出	臨時支出（賞与時）
基本生活費 （水道光熱費、通信費、日用品費など）	万円	万円
食　費	万円	万円
住居費（家賃・ローン）	万円	万円
貯　蓄	万円	万円
保　険	万円	万円
習い事など （自分・子どもなど）	万円	万円
余暇費・交際費 （買い物・旅行・飲み会・趣味など）	万円	万円
車関係費（ローン含む）	万円	万円
	万円	万円
	万円	万円
その他	万円	万円
合　計	万円	万円

【資産】

		金額	備考
現　金	タンス預金など	万円	
預貯金	銀行	万円	
	銀行	万円	
	銀行	万円	
運用商品	債券（国債・社債など）	万円	
	株　式	万円	
	投資信託	万円	
	外貨預金	万円	
保　険	保険	万円	
財形貯蓄		万円	
その他		万円	
金融資産合計		万円	

【加入している保険】

保険の種類	保険会社	保険料	保障内容 （死亡時や入院時の保険金）
		円	
		円	
		円	
		円	
		円	
		円	

【今後予想される大きな支出】

項目	金額	○年後	備考
	円		
	円		
	円		

〈切り取り線〉